Hochsensibilität – Jobchance oder Karrierekiller in der VUCA-Welt

Torsten Schröder

Hochsensibilität – Jobchance oder Karrierekiller in der VUCA-Welt

Erfahrungen aus Coaching, Leistungssport und Job

Springer Gabler

Torsten Schröder
Elsdorf, Deutschland

ISBN 978-3-658-37986-5   ISBN 978-3-658-37987-2   (eBook)
https://doi.org/10.1007/978-3-658-37987-2

Die Deutsche Nationalbibliothek verzeichnet diese Publikation in der Deutschen Nationalbibliografie;
detaillierte bibliografische Daten sind im Internet über http://dnb.d-nb.de abrufbar.

Planung/Lektorat: Ann-Kristin Wiegmann
Springer Gabler ist ein Imprint der eingetragenen Gesellschaft Springer Fachmedien Wiesbaden GmbH
und ist ein Teil von Springer Nature.
Die Anschrift der Gesellschaft ist: Abraham-Lincoln-Str. 46, 65189 Wiesbaden, Germany

Inhaltsverzeichnis

Über den Autor

Torsten Schröder, geboren 1985, ist neben seiner bundesweiten Tätigkeit als Tanzsportler und -lehrer, Begabungspädagoge und Berater für Hochsensibilität bei Kindern und Jugendlichen seit einigen Jahren erfolgreicher Dozent, Moderator, Autor und Coach. Seine fachlichen Qualifikationen verbindet er im Rahmen seiner Arbeit mit eigenen Erfahrungen aus zwölf Jahren im Leistungstanzsport, in denen er dreifacher Landesmeister in Nordrhein-Westfalen und zweifacher Finalist bei den Deutschen Meisterschaften der Professionals wurde.

1

Einleitung

„Du bist immer so empfindlich!", „Übertreib doch nicht so!" – dies sind nur einige der Sätze, die zum Alltag vieler hochsensibler Menschen gehören. Hochsensibilität wird in der heutigen Gesellschaft häufig als Manko, eine Art Schwäche betrachtet. Seit einiger Zeit gilt sie gar als eine „Modediagnose" – was einerseits faktisch falsch ist, da Hochsensibilität keine diagnostizierbare Krankheit, sondern eine Veranlagung ist, andererseits auch tatsächlich Betroffene verwirrt, vielmehr diskriminiert.

Inzwischen beschäftigen sich immer mehr Wissenschaftler mit diesem Thema. Nach und nach ist infolge neuer Erkenntnisse, aber auch infolge sich ändernder Umfeldbedingungen ein Paradigmenwechsel hin zur Wertschätzung zu erkennen. Hochsensible Menschen verfügen über – ganz allgemein ausgedrückt – „andere" Fähigkeiten. In Zeiten des Umbruchs werden diese Fähigkeiten nun ähnlich pauschal wie die bisherige Klassifizierung als „Störung" als „Ressource" postuliert. Ob es hier ein richtig oder falsch gibt, ist nicht Gegenstand der Untersuchung. Vielmehr soll der Ansatz sein mehr Trennschärfe in Begrifflichkeiten zu bekommen und „Betroffene" aus ihrer Perspektive schildern zu lassen,

T. Schröder, *Hochsensibilität – Jobchance oder Karrierekiller in der VUCA-Welt*, https://doi.org/10.1007/978-3-658-37987-2_1

wie sie Leben, Beziehungen und Joballtag als hochsensible Menschen erfahren.

So viel sei vorweggenommen. Der Veränderungsdynamik der heutigen Zeit begegnet man sicher nicht pauschal oder per Diagnose. Man begegnet ihr als Mensch in der ganzen möglichen Vielfalt. Die wiederum erfährt man, wenn man nicht stigmatisiert, sondern zuhört. Auch und vor allem sich selbst!

Die Fülle an Reizen im Alltag wirkt kontinuierlich auf den Menschen ein und stellt ihn vor immer neue Herausforderungen, schnell kann eine regelrechte Reizüberflutung entstehen. Die Folge ist vermehrt Dauerstress, der erhebliche psychische und physische Beschwerden nach sich ziehen kann. Hochsensible sind im Allgemeinen stressanfälliger als Normalsensible und somit deutlich empfänglicher für schädlichen Dauerstress. Für sie ist es daher besonders wichtig, sich einen angemessenen Ausgleich zu dem hektischen, impulsreichen und sie oft überfordernden Alltag zu schaffen. Körperliche Aktivität scheint hierzu ein probates Mittel zu sein, zumal auch zahlreiche wissenschaftliche Studien die positiven Eigenschaften von Sport im Hinblick auf Stressabbau belegen. Aber auch die Themen Achtsamkeit, Coaching und Reflexion gewinnen noch einmal eine neue Perspektive. Dem Wechselspiel aus psychischem Stimulus und Überreizung kann man begegnen mit physischen Reizen – auch diese müssen ausbalanciert sein zwischen Power und Ruhe.

Dieses Buch richtet sich an hochsensible ebenso wie an normalsensible Menschen. Es bietet einen Überblick über das vergleichsweise immer noch recht unbekannte und unscharf definierte Phänomen der Hochsensibilität (und seiner „False Friends" ADHS, Impostor-Syndrom, Hochbegabung). Ziel ist es – neben der Schaffung eines tiefer greifenden Verständnisses – Betroffenen und ihren Mitmenschen Anregungen und Ratschläge zum Umgang mit dieser Besonderheit zu vermitteln. Ein wenig ist sicher auch das Ziel sich selbst in unterschiedlichen Stimmungen und Situationen besser einschätzen zu können und eine Antenne für die eigenen Reaktionen in Stresssituationen zu bekommen. Verständnis für andere oder für „Andersartigkeit" fängt immer mit dem Verständnis für sich selbst an. In den Mittelpunkt stellen die Erfahrungsberichte die „Employability", wobei der englische Begriff weit über die alleinige Beschäftigungsfähigkeit hinausgeht. Diese wird im deutschen sehr eng mit der Jobtauglichkeit verbunden. Der Begriff wird hier ausgedehnt auf die Möglichkeiten Beruf und Alltag im Einklang zu halten. Work-Life-Balance mag überholt klingen in Zeiten von Home-Office, Remote-Work und Vereinbarkeit. Aber genau darum geht es: mit sich selbst, dem Beruf, dem Körper und Geist in Einklang zu sein. Und das auf einer sehr alltagstauglichen und weniger spirituellen Ebene. Wenn der Mensch im Fokus steht, dann mit seiner ganzen Einzigartigkeit – oder eben „Andersartigkeit". Wir sind alle verschieden. Für den Wandel ist das unsere größte Chance.

2

Hochsensibilität – Definition, Forschung, Status quo

Der Begriff der „Hochsensibilität" (im Englischen *sensory-processing sensivity*) bezeichnet eine *höhere sensorische Verarbeitungssensitivität* der Betroffenen, die sämtliche Sinneseindrücke in verstärkter Ausprägung wahrnehmen. Hierbei handelt es sich nicht um eine Krankheit, sondern um eine Eigenschaft, die oft im Zusammenhang mit dem Temperament einer Person betrachtet wird.

Temperament

Das Temperament ist ein Verhaltensstil und beschreibt die Art und Weise, wie ein Lebewesen agiert und reagiert. Das Temperament ist biologisch tiefverankert und setzt sich aus emotionalen und motorischen Reaktionen zusammen. Der Begriff umschreibt relativ konstante, daher typische Merkmale des Verhaltens wie Ausdauer, Reizverarbeitung, Stimmung. Schwierig und bislang ungelöst ist die Unterscheidung, ob es sich bei der Hochsensibilität um eine Grundveranlagung oder einen durch Traumata geminderten Energie-Zustand handelt. Hier wird davon ausgegangen, dass Hochsensibilität als Temperaments-Grundkonstitution zu erkennen ist und eben nicht als vorübergehender oder chronischer Trauma-zustand. (Exkurs: https://www.visionsschmiede.ch/hochsensibilitaet-und-hochsensitivitaet-das-fuenfte-temperament/).

T. Schröder, *Hochsensibilität – Jobchance oder Karrierekiller in der VUCA-Welt*, https://doi.org/10.1007/978-3-658-37987-2_2

Hochsensibilität umfasst eine ganze Bandbreite von Phänomenen (vgl. auch Kap. 3): „Potenziell jeder Sinnesreiz kann verstärkt empfunden werden." Hochsensibilitäten lassen sich grob in drei Bereiche unterteilen: körperlich/sensorisch, seelisch/gefühlsbetont und geistig/intellektuell. Der körperliche Bereich umfasst eben die Empfindsamkeit des Körpers und der Sinnesorgane, was die von Hochsensiblen häufig vorgetragene Lärmempfindlichkeit mit einschließt.

Das menschliche Gehirn ist dafür zuständig, essenzielle Informationen herauszufiltern und weniger wichtige Informationen in den Hintergrund zu stellen bzw. auszublenden. Bei hochsensiblen Menschen arbeitet dieser natürliche Mechanismus jedoch anders, sodass sie stärker auf Umweltreize reagieren. Ihre Wahrnehmungsschwelle für externe, soziale wie auch interne bzw. emotionale Impulse liegt deutlich niedriger und hat eine intensivere, differenziertere und reflektiertere Auseinandersetzung mit den aufgenommenen Informationen zur Folge. Bei den Betroffenen führt diese erhöhte Sensibilität für Reize aus ihrer Umgebung mitunter zu Überforderung oder sogar Beeinträchtigungen. Einige hochsensible Personen ertragen etwa das Gedränge in großen Menschenansammlungen nicht, vermeiden wegen der starken Gerüche den Gang in die Parfümerie oder können laute Konzerte nur mit Hörschutz besuchen. Dem Einfluss der Hochsensibilität auf die emotionalen Funktionen geschuldet, durchleben manche Betroffene private und berufliche Stresssituationen intensiver. Die Betrachtung der Hochsensibilität aus einer an Ressourcen orientierten Perspektive bedeutet auch, die spezifischen sozialen Besonderheiten zu erwähnen: Viele hochsensible Personen sind besonders empathisch und können gut mit ihren Mitmenschen umgehen. Im entspannten Gemütszustand verfügt der Großteil der Hochsensiblen über ein außerordentlich aufmerksames Auge für kleinste Details, die Normalsensiblen nicht in demselben Umfang auffallen würden [1].

Hochsensibilität tritt in unterschiedlicher Ausprägung als Symptom verschiedener Erkrankungen, etwa dem Aufmerksamkeitsdefizit-/Hyperaktivitätssyndrom (ADHS), und im Zusammenhang mit Traumata auf [2]. Dennoch handelt es sich bei der Hochsensibilität an sich nicht um ein nach ICD-10 diagnostizierbares Gesundheitsproblem [3]. Allerdings weisen eine Reihe der gelisteten Diagnosen Ähnlichkeiten in Bezug auf

die Besonderheiten in der Reizverarbeitung auf. Dies betrifft beispielsweise Diagnosen aus dem Autismusspektrum, Depressionen und die
Borderline-Persönlichkeitsstörung [4].

Angesichts des relativ überschaubaren Forschungsstands zur Hochsensibilität ließe sich annehmen, es handele sich bei dieser um ein
ausschließlich postmodernes Phänomen. Tatsächlich aber stellte bereits
I. Pawlow (1849–1936), Mediziner, Physiologe und nicht zuletzt
Begründer der klassischen Konditionierung, in Versuchen zu Erregungs-
prozessen im Nervensystem unterschiedliche Toleranzen extremen Lärms
unter seinen Probanden fest. Etwa 15 % gerieten rasch an die Grenzen
ihrer Belastbarkeit und galten für Pawlow als spezifischer Menschen-
schlag mit angeborener Hochempfindlichkeit. Auch der Schweizer
Psychiater C. G. Jung (1875–1961), Begründer der analytischen Psychologie, bekräftigte mit seiner Typologie von Introversion und Extraversion
das Vorliegen individueller Unterschiede in der charakteristischen Interaktion von Menschen mit ihrer sozialen Umwelt [5].

Als Pionierin auf dem Gebiet der Hochsensibilität und maßgebliche
Verantwortliche für die dem Begriff heute zuteilwerdende Aufmerksamkeit sowie Aktualität gilt die nordamerikanische Psychologin Dr.
Elaine Aron. Im Anschluss an eine Routineoperation verspürte sie eine
ungewöhnlich hohe mentale und physische Belastung; da körperliche Ursachen auszuschließen waren, konsultierte Aron eine Psycho-
therapeutin. Diese erklärte die empfundene außergewöhnliche
Belastung mit der Begründung, Aron sei einfach „äußerst sensibel". Jene
„Diagnose" markierte den Beginn Arons intensiver Beschäftigung mit
dem Phänomen der Hochsensibilität und ermöglichte es ihr, endlich ihre
durch Emotionalität geprägten Reaktionen in der Vergangenheit zu verstehen [1]. Gemeinsam mit ihrem Mann begann Aron auf diesem Gebiet
zu forschen und publizierte erstmals im Jahr 1997 Studienergebnisse [6].

Die konkrete Bezifferung des Anteils hochsensibler Personen an
der Gesamtbevölkerung erweist sich aufgrund eines Mangels an ver-
bindlichen, standardisierten Diagnoseverfahren als schwierig. Der
oft genannte hohe Prozentsatz von 15 bis 20 % Betroffener steht in
„krassem Kontrast" zu den Erfahrungen vieler Hochsensibler, die ja
das Gefühl haben, mit ihrer biologischen Eigenart ziemlich alleine
dazustehen. Möglicherweise wird Hochsensibilität in bestimmten

Konstellationen nicht auffällig – oder aber manche Betroffene versuchen, ihre „Andersartigkeit" zu unterdrücken, um gesellschaftliche Erwartungen zu erfüllen. Insofern es sich bei dieser erhöhten Reizsensitivität nicht um eine physische oder psychische Störung im Sinne einer Krankheit handelt, ist ein Befund „Hochsensibilität" kaum verbindlich. Orientierung können (Online-)Selbsttests bieten, deren Ergebnisse aufgrund des Unsicherheitsfaktors durch die Subjektivität der Teilnehmenden jedoch nicht kritiklos zu bewerten sind.

2.1   Bin ich hochsensibel?

Eine Möglichkeit das Vorliegen einer Hochsensibilität festzustellen, definiert Elaine Aron anhand der sogenannten DOES-Indikatoren:

- D – depth of processing = Verarbeitungstiefe von Informationen
- O– easily overstimulated = schnellere Überstimulation
- E – emotional reactivity and high empathy = emotionale Reaktivität und hohe Empathie
- S – sensitivity to subtle stimuli = Empfindlichkeit für subtile Reize.

Als weiteres Instrument bietet sich das Betrachten von Persönlichkeitsmerkmalen an, die auf eine erhöhte Reizempfindlichkeit hindeuten können. Der Fragebogen in Tab. 2.1 kann dabei behilflich sein, Hochsensibilität zu erkennen. Für jede zutreffende Schilderung setzt die durchführende Person ein Häkchen, welches jeweils als 1 Punkt gezählt wird.

Sofern zwölf oder mehr Aussagen mit „zutreffend" bewertet wurden, liegt es nahe, dass der Proband hochsensibel ist. Allerdings handelt es sich bei Tests, wie diesem, nicht um standardisierte diagnostische Erhebungsinstrumente, sodass selbst bei zwei oder mehr zutreffenden und stärker ausgeprägten Aussagen eine Hochsensibilität vorliegen kann. Des Weiteren sollte die Möglichkeit beachtet werden, dass sich die erhöhte Reizempfindlichkeit lediglich einen bestimmten Wahrnehmungsbereich ins Spektrum nimmt. Hochsensibilität betrifft aber über die Sinneswahrnehmungen mit akustischen und visuellen

Tab. 2.1 Fragebogen zu Persönlichkeitsmerkmalen

	Punkte
Mir scheint, dass ich Feinheiten um mich herum wahrnehme	
Die Launen anderer machen mir etwas aus	
Ich neige zu Schmerzempfindlichkeit	
Koffein wirkt sich besonders stark auf mich aus	
Ich habe ein reiches, komplexes Innenleben	
Laute Geräusche rufen ein Gefühl des Unwohlseins in mir hervor	
Kunst und Musik können mich tief bewegen	
Ich bin gewissenhaft	
Ich erschrecke leicht	
Veränderungen in meinem Leben lassen mich aufschrecken und beunruhigen mich	
Wenn viel um mich herum los ist, reagiere ich schnell gereizt	
Ich bin sehr darum bemüht, Fehler zu vermeiden bzw. nichts zu vergessen	
Es nervt mich sehr, wenn man von mir verlangt, mehrere Dinge gleichzeitig zu erledigen	
Ich werde fahrig, wenn ich in kurzer Zeit viel zu erledigen habe	
Ich achte darauf, mir keine Filme und TV-Serien mit Gewaltszenen anzuschauen	
An stressigen Tagen muss ich mich zurückziehen können – ins Bett oder an einen abgedunkelten Raum bzw. irgendeinen Ort, an dem ich meine Ruhe habe und keinen Reizen ausgesetzt bin	
Helles Licht, unangenehme Gerüche, laute Geräusche oder kratzige Stoffe beeinträchtigen mein Wohlbefinden	
Wenn Menschen sich in ihrer Umgebung unwohl fühlen, meine ich zu wissen, was getan werden müsste, damit sie sich wohlfühlen (wie z. B. das Licht oder die Sitzposition verändern)	
Ein starkes Hungergefühl verursacht heftige Reaktionen, es beeinträchtigt meine Laune und meine Konzentration	
Ich bemerke und genieße feine und angenehme Gerüche, Geschmacksrichtungen, Musik und Kunstgegenstände	
Als ich ein Kind war, schienen meine Eltern und Lehrer mich für sensibel und schüchtern zu halten	
Es zählt zu meinen absoluten Prioritäten, mein tägliches Leben so einzurichten, dass ich aufregenden Situationen oder solchen, die mich überfordern, aus dem Weg gehe	
Wenn ich mich mit jemandem messen muss oder man mich bei der Ausübung einer Arbeit beobachtet, werde ich so nervös und fahrig, dass ich viel schlechter abschneide als unter normalen Umständen	

Quelle: Aron, Elaine N: Sind sie Hochsensibel, S. 21, mvg Verlag 2005 [1]

Reizen oder Gerüchen hinaus die Wahrnehmung von Emotionalität bzw. Empathie und letztlich die kognitiven Fähigkeiten als Fähigkeit zur Herstellung komplexer Zusammenhänge. Daher kann eine Hochsensibilität durchaus bestehen, auch wenn weniger Aussagen als „zutreffend" bewertet wurden.

Weitere Orientierung kann der sogenannte Wohlbefinden-Vergleichs-Faktorbieten [6]. Gemäß diesem werden die eigenen Reaktionen in spezifischen Situationen jener der Mitmenschen gegenübergestellt.

Die Anzeichen einer Hochsensibilität zeigen sich in der Regel früh. Viele Betroffene stellen bereits im Kindesalter fest, auf alltägliche Reize anders zu reagieren als ihre Mitmenschen. So fühlt man sich als Kind womöglich auf einer lauten Geburtstagsfeier nicht wohl, während das gesellige Beisammensein den übrigen Gästen merklich Freude bereitet. Dem gegenüber stufen Außenstehende das Verhalten eines hochsensiblen Kindes unter Umständen als „merkwürdig" ein, wenn dieses sich in sozialen Situationen lieber von der Gruppe zurückzieht, um beispielsweise in einer stillen Ecke ein Buch zu lesen. Hochsensible Kinder sind daneben auch häufig mit den hohen Erwartungen ihrer Eltern konfrontiert, wenn sie in solchen sie überfordernden Situationen ermahnt werden, sich doch bitte „zu benehmen" und „kein Theater zu machen" [6]. Die Gesellschaft tickt konform – so zumindest wurde es über Jahrzehnte erwartet. Von wem auch immer…

2.2   Leben und Umgang mit Hochsensibilität

Ein Leben mit dem Charakteristikum der Hochsensibilität stellt unter Umständen sowohl für die Betroffenen als auch für Personen in ihrem Umfeld im gegenseitigen Miteinander eine Herausforderung dar. *„Stell dich nicht so an"*, *„Du bist so uncool"*, *„Du Heulsuse"*, *„Mach doch nicht so ein Theater"* – sind nur einige der verletzenden Bemerkungen, mit denen viele Hochsensible in ihrem Alltag konfrontiert werden.

Hochsensible Menschen nehmen sich häufig als andersartig wahr, Betroffene sprechen von einem Alien-Gefühl. Diese Empfindung kann zum bewussten Rückzug aus überfordernden Situationen führen, was Außenstehenden oft seltsam erscheint und Unverständnis hervorruft.

Zudem müssen sich Betroffene in ihrem Alltag häufig mit unsensiblen Kommentaren wie „Stell dich doch nicht so an" auseinandersetzen, die den Wunsch nach Isolation verstärken können.

Die Schilderung Betroffener ergibt – wie häufig – bei wenig erforschten oder vielmehr wenig bekannten und akzeptierten Auffälligkeiten erst in der Retrospektive und im Gespräch ein klareres Bild: Während ein Hochsensibler Details in der Umwelt – etwa das Vogelgezwitscher am Ende der Straße oder die geringe Farbabweichung einer Häuserfassade – nicht nur wie selbstverständlich, sondern auch intensiv wahrnimmt, fallen diese Feinheiten anderen überhaupt nicht auf. Aber wann spricht man schon einmal darüber? Erhöhte Sensibilität hinsichtlich emotionaler Belange und zwischenmenschlichen Situationen potenziert solche Auffälligkeiten noch einmal: da wird man schnell zum Kasper, weil man die gute Stimmung in einem Moment überinterpretiert oder zur Heulsuse, wenn ein scheinbar kleiner Moment zu Traurigkeit veranlasst. Weniger sensible Menschen nehmen solche Stimmungsschwankungen kaum wahr oder schenken ihnen keine Beachtung. Am ehesten in solche Situationen hineinversetzen kann man sich vielleicht, wenn man folgende Bilder zum Vergleich nimmt:

- Liegt man nachts wach im Bett, dann kann das Tropfen eines Wasserhahns oder das Summen einer Fliege uns schier zur Verzweiflung bringen und lässt auch keinen anderen Gedanken mehr zu – ähnlich fühlen sich hochsensible in vielen Momenten.
- Man braucht für einen Moment im Büro absolute Konzentrationen und das Tippen des Kollegen auf der Tastatur wird zum „Hämmerkonzert" – in entspannten Situationen würden wir ein solches Geräusch gar nicht bemerken oder zumindest als normales Hintergrundrauschen akzeptieren. Für Hochsensible hämmern viele Geräusche auf genau diese Art und Weise.
- Schwangere Frauen berichten häufig, dass sie selbst bei der Verleihung einer olympischen Medaille oder dem Anblick eines toten Vogels in Tränen ausbrechen – der Zustand der Schwangerschaft löst folglich eine höhere Sensitivität des Menschen gegenüber der Umwelt aus. Somit kann diese durchaus als Schutz- oder Warnmechanismus verstanden werden.

Sobald man aber keinen Vergleich aus dem scheinbar normalen Leben heranziehen kann, fühlt man sich häufig unverstanden und ebenso dauerte es eine ganze Weile, diesen Eindruck, „anders", „speziell" zu sein, selbst wirklich fassen zu können. Einer unsere Schutzmechanismen als Mensch ist nämlich auch, dass wir uns in Gruppen verstecken können als Herdentiere. Und genau da wirkt es kontraproduktiv, wenn man auffällt. Bestimmte Reaktionen sind also immer nur so lange „gut", wie das Umfeld diese nachvollziehen kann. Hier schadet es – von außen betrachtet – natürlich mehr als es nützt, dass Hochsensible sich selten als solche outen (wenn sie es denn wissen) oder über das Phänomen berichtet wird. Anders sein bleibt damit seltsam, weil es nicht verstanden wird. Auch das ist ein natürliches Phänomen: definiert sich doch eine Gruppe durch Abgrenzung! Das Wir-Gefühl als Gruppenbewusstsein entsteht nur, wenn es auch etwas außerhalb der Gruppe gibt. Das funktioniert nicht mehr, wenn man annimmt, dass jeder anders ist – das sich als Gruppendenken verändern muss in einem Umfeld, in dem Andersartigkeit akzeptiert wird.

Als Elternteil, Partner, Arbeitskollege oder Freund eines Hochsensiblen kann es hilfreich sein, sich über das Thema zu informieren. Schließlich hat diese charakterliche Besonderheit einen weitreichenden Einfluss auf die persönliche Lebensgeschichte von Betroffenen sowie alle Arten von Beziehungen – auch auf das Verhältnis zur eigenen Person. Hochsensible Menschen haben mitunter Probleme in dem Eingehen zwischenmenschlicher Verbindungen. Im beruflichen Kontext fällt es ihnen oftmals schwer, einen passenden Job zu finden [1]. Bei hochsensiblen Kindern kann das Gefühl, anders zu sein, zu psychischen Symptomen und erheblichen Problemen führen. Ihre Eltern wiederum sind mit dem Verhalten hochsensibler Kinder oftmals überfordert, da diese eine Reizüberflutung, d. h. eine sensorische Überlastung, häufig intensiver ausdrücken als betroffene Erwachsene. Im Allgemeinen stehen Menschen mit einer Hochsensibilität häufig unter großem Anstrengungsdruck, der einen hohen Stresslevel verursachen kann.

2.3 Herausforderungen im Alltag – Probleme der Hochsensibilität

Auch wenn Hochsensibilität keine Krankheit ist, bringt dieses Persönlichkeitsmerkmal doch einige Faktoren mit sich, durch welche die Bewältigung des alltäglichen Lebens sich für hochsensible Menschen herausfordernder darstellen kann als für jene, die weniger empfindlich für Umweltreize sind.

Die meist schnelllebige, laute und impulsreiche Struktur moderner Gesellschaften kommt Hochsensiblen und ihrer überdurchschnittlichen Reizoffenheit nicht gerade entgegen: Menschenansammlungen in der Bahn oder der Fußgängerzone, dynamische Werbeanzeigen, blinkende Lichter, Essensgerüche beim Vorbeigehen an einem Straßencafé, die Gespräche zwischen Passanten oder der Signalton der Ampel – was für die meisten Menschen selbstverständliche, in der Regel gar nicht bewusst wahrgenommene Begleiter des Alltags sind, kann bei hochsensiblen Personen schnell zu einer Reizüberflutung führen, die sie an die Grenzen ihrer Belastbarkeit bringt. Die Ausprägung ihrer gesteigerten Empfindsamkeit für Impulse gestaltet sich bei Betroffenen äußerst individuell und betrifft zumeist nicht sämtliche, zumindest aber mehrere Sinnesorgane. Zudem kann sich eine Hochsensibilität nicht nur auf äußere, sondern auch auf innere Reize beziehen. Differenzierungen lassen sich hier in den Bereichen der visuellen, auditiven, olfaktorischen (Geruchssinn), gustatorischen (Geschmackssinn) und taktilen Wahrnehmung vornehmen[7].

Visuelle Sensibilität
Viele Hochsensible haben ein feines Gespür für Farben und Licht. Sie registrieren minimale Nuancenunterschiede oder flüchtige Bewegungen kleinster Insekten. Darüber hinaus sind sie jedoch auch lichtempfindlich. Zu grelles, flackerndes oder diffuses Licht, künstliche Beleuchtungen oder der Wechsel von Licht und Schatten führen schnell zu Überreizung.

Auditive Sensibilität

Auch in Bezug auf die Hörleistungen verfügen zahlreiche hochsensible Personen über außergewöhnliche Fähigkeiten – im Alltag bergen diese jedoch Schwierigkeiten. Selbstredend werden starke auditive Reize wie Baustellenlärm oder hämmernde Bässe auf Partys bereits nach kurzer Zeit zu einer enormen Belastung. Für in diesem Bereich Hochsensible stellen aber schon gewöhnliche Geräusche wie etwa das Kratzen eines Stifts auf Papier, das Zirpen von Grillen oder sogar das leise Surren einer Neonröhre ein Problem dar.

Olfaktorische Sensibilität

Menschen mit einer außerordentlichen Empfindsamkeit für Gerüche nehmen leichte Aromen wie klare, frische Frühlingsluft in konzentrierterer Form wahr, häufig verbinden sie aber auch negative Eindrücke mit olfaktorischen Reizen. Nikotin, Parfums oder die abgestandene Raumluft können das Wohlbefinden Hochsensibler erheblich beeinträchtigen. Manchmal ist auch der individuelle Körpergeruch, der dazu führt, dass von einer olfaktorischen Sensibilität Betroffene andere Menschen schlicht „nicht riechen können".

Gustatorische Sensibilität

Hochsensibilität erstreckt sich ebenso auf den Geschmackssinn: Gewürze werden intensiver, salziges Essen schnell als ungenießbar empfunden. Oftmals bemerken Betroffene, dass ein Lebensmittel verdirbt, noch bevor sich Aussehen oder Geruch verändern.

Taktile Sensibilität

Die Haut als das größte Organ des Menschen und damit verbunden der Tastsinn spielen in der Wahrnehmung Hochsensibler eine entscheidende Rolle. Die sensorischen Rezeptoren empfangen Reize wie Berührungen, Druck, Temperatur oder Schmerz. Viele hochsensible Personen empfinden körperliche Berührungen besonders intensiv. Daneben reagieren sie mit starkem Unwohlsein auf störende Nähte oder Etiketten an ihrer Kleidung, auch bestimmte Stoffe ertragen sie kaum. Wind, Zugluft, Wärme und Kälte nehmen Betroffene ebenfalls sehr ausgeprägt und häufig negativ wahr, sie fühlen sich in der Regel bei mäßiger Umgebungstemperatur am wohlsten, auch Speisen bevorzugen sie lauwarm. Des Weiteren umfasst die taktile Sensibilität das Schmerzempfinden. Oftmals leiden Hochsensible stärker unter ärztlichen Untersuchungen und Blutabnahmen, auch können sie empfindlicher auf Alkohol, Nikotin und Medikamente ansprechen.

Die außergewöhnliche Wahrnehmung und Verarbeitung von Reizen schließt über die erläuterten sensorischen auch solche Impulse ein, für die kein Sinnesorgan spezifisch ist. Gerade diese „Kleinigkeiten" machen die Kommunikation und das Verstehen im Alltag so schwierig. Vermeintliche Nebensächlichkeiten werden zum Problem. Im Berufsalltag ist dieser schmale Grat zwischen „das merke ich gar nicht", „das nervt mich" und „das macht mich krank" entscheidend: es geht nicht darum, wie man selbst empfindet, sondern zu akzeptieren, dass jemand anderes es anders empfindet. Absolut wichtig: das gilt für den Hochsensiblen Menschen ebenso wie für den weniger sensorisch Empfindsamen.

Merke

Verständnis und Verstehen sind bidirektionale Prozesse!

Kognitive Sensibilität

Typisch für Hochsensible ist ein vernetzendes Denken, in welchem einzelne Ideen und Assoziationen zu einem Geflecht verbunden werden, statt einer linearen Gedankenabfolge. Ein solches Muster lässt sich als laterales oder noch treffender als radiäres Denken bezeichnen. Dieser mehrdimensionale Ablauf kann auf Außenstehende wirken, als dächten hochsensible Menschen langsamer. Tatsächlich verarbeiten sie aber eine überdurchschnittliche Menge an Informationen, denken vorausschauender sowie für andere mit. Ergebnisse, die sie benennen, haben bereits einen sehr komplexen Gedankenprozess durchlaufen. Mitunter bereitet Hochsensiblen das Treffen von Entscheidungen Probleme, da sie dazu neigen, Vor- und Nachteile bis ins kleinste Detail gegeneinander abzuwägen.

Emotionale Sensibilität

Hochsensiblen Menschen sagt man nach, besonders feinfühlig zu sein, geradezu eine „dünne Haut" zu haben. Dies trifft insofern zu, als die meisten Hochsensiblen über ein reges Gefühlsleben verfügen. Mit ihrer ausgeprägten Empathie identifizieren sie Freude und Trauer, Gier oder Berechnung, Beziehungs- und Hierarchiestrukturen äußerst schnell und zielsicher. Sie können sich leicht in ihre Mitmenschen hineinversetzen – ein großer Vorteil z. B. im Umgang mit Geschäftspartner, mitunter gelingt es ihnen sogar bei den Emotionen von Tieren. Das intensive Erleben von Gefühlen führt jedoch auch dazu, dass sich viele Betroffene von den sie umgebenden Schwingungen, Konflikten etc. erheblich und nachhaltig beeinflussen lassen. Dies läuft dem starken Harmoniebedürfnis von Hochsensiblen zuwider, die Streit aus dem Weg gehen, oftmals als Vermittler oder Schlichter agieren und sich lieber von den schönen Seiten des Lebens, von Natur und Kunst berühren lassen. Emotional hochsensible Menschen beschäftigen sich mit erlebten Einzelsituationen manchmal tagelang, vermeiden teilweise den Konsum von Nachrichten, weil schlechte Neuigkeiten sie tief bewegen und ihren häufig kennzeichnenden Weltschmerz verstärken.

2.4   Folgen sensorischer Überlastung

Prinzipiell kann eine sensorische Überlastung bei jedem auftreten, insbesondere aber bei Personen, die empfindlich auf Umweltreize reagieren – dies umfasst auch Hochsensible. Eine sensorische Überlastung setzt dann ein, wenn eine gewisse Reizgrenze, Reizdauer und Reizmenge überschritten werden, bei hochsensiblen Menschen liegt diese Toleranzschwelle ohnehin niedriger.[13] Fehlt Hochsensiblen – vor allem im Kindesalter – eine Möglichkeit, sich zurückzuziehen und die Reizüberflutung zu kompensieren, können folgende Zustände eintreten:

Overload

Ein nicht auszugleichender Zustand der Anspannung kann in einen Overload (dt. „Überladung") der einströmenden Reize übergehen, der sich verschiedenartig äußert. Die Betroffenen sind meist nicht ansprechbar und können in besonders schweren Fällen sogar die Fähigkeit zur Artikulation verlieren [8]. Gerade bei Kindern ist auch körperliche Abgrenzung (z. B. durch Zusammenkauern oder -rollen, Wutanfälle oder Apathie) zu beobachten. Zudem ist die Affekt-kontrolle in diesem Zustand eingeschränkt, sodass auch Aggressionen auftreten können. Diese sind als natürliche Reaktion auf eine extreme Überschreitung der Reizschwelle zu betrachten. Im Job verbringt man täglich mehrere Stunden mit der Suche nach Informationen (Daten-überlastung), verbringt etwa 80 % der Arbeitszeit mit E-Mails, Meetings und Chats (Kommunikationsüberlastung) und wechselt alle drei bis fünf Minuten zwischen den Aufgaben oder wird unterbrochen (kognitive Überlastung). Das führt auch ohne besonders sensible Antenne schnell zum „Overload", der sich daher – ebenso wenig klinisch diagnostizier-bar oder per Definition abgegrenzt – als Buzzword in einem Arbeits-alltag der digitalen Transformation etabliert hat. Ohne eine Möglichkeit des Rückzugs im Falle eines sensorischen Overloads kann dieser in einen Meltdown (dt. „Kernschmelze" bzw. „Zusammenbruch") münden.

Meltdown

Ein solcher bezeichnet eine starke sensorische Überlastung, in der ein zielgerichtetes Handeln nicht mehr möglich ist. Die Menge der angestauten, nicht länger angemessen zu verarbeitenden Impulse ent-lädt sich schließlich *explosionsartig* – häufig weinen oder schreien die Betroffenen, mitunter äußert sich die Überforderung auch in dem Werfen von Gegenständen oder (Auto-)Aggressionen. Diese selbst erzeugten extremen Reize dienen der Kompensation jener nicht zu beeinflussenden Reize. In derartigen Belastungssituationen ist unter Umständen auch das Schmerzempfinden der Betroffenen herabgesetzt, sodass Verletzungen zunächst unbemerkt bleiben [8].

Shutdown

Bleiben sämtliche Versuche des Rückzugs oder der Ablenkung ver-wehrt oder erfolglos, kann ein Meltdown auch in einem Shutdown (dt. „Abschaltung") resultieren. Die Betroffenen befinden sich dann in einem Zustand der völligen Abschottung, in welchem sie mitunter nicht mehr auf Ansprache reagieren oder sich selbst nicht mehr artikulieren können.

2.5   Gesundheitsschädlicher Alltagsstress und Hochsensibilität

„Stress" ist gleich das nächste Buzzword, mit dem im (Arbeits-)Alltag inflationär um sich geworfen wird. Zwar ist die Hochphase vorbei, in der man ohne „Stress" ein scheinbar nicht ausgefülltes Arbeitsleben hatte, aber zu behaupten, dass man mit einer Aufgabe früher fertig sei oder entspannt durch den Wochenalltag kommt, löst bei manchen Mitmenschen immer noch ungläubige Reaktionen aus. Fast fühlt man sich als nicht ausgelastet, zu langsam oder nicht ausreichend produktiv.

Während man früher hauptsächlich in lebensbedrohlichen Situationen Stress verspürte und dann mithilfe körperlicher Aktivität (z. B. durch Flüchten oder Kämpfen) das eigene Leben retten musste, ist der Mensch heute völlig anderen Stressoren ausgesetzt. In außergewöhnlichen Belastungssituationen schüttet das menschliche Gehirn – ebenso wie bereits das steinzeitliche – Stresshormone, d. h. biochemische Botenstoffe aus, um körperliche Anpassungsprozesse in Gang zu setzen. Die Hormone Adrenalin und Cortisol bewirken das Freisetzen zusätzlicher Energiereserven, was sich in einer Beschleunigung von Puls-, Herz- und Atemfrequenz, einer Steigerung des Blutdrucks sowie -zuckers und der Erhöhung der Muskelanspannung äußert. Durch den schnelleren Herzschlag steigt der Blutdruck und bedingt eine stärkere Muskeldurchblutung, der Blutfluss aus den Organen wird vermehrt in die Muskulatur der Extremitäten (Arme und Beine) geleitet, außerdem weiten sich die Bronchien zur zusätzlichen Sauerstoffaufnahme, die Atmung beschleunigt sich und verflacht. Unterdessen werden nicht akut überlebenswichtige Funktionen wie die Verdauungstätigkeit oder der Sexualtrieb gehemmt. In diesem Zustand der optimierten Leistungsfähigkeit ist das Individuum in der Lage, auf die Gefahrensituation mit Kampf oder Flucht zu reagieren, in den ‚fight or flight'-Modus zu gehen [9].

Somit ist Stress nicht grundsätzlich schlecht, sondern in erster Linie mobilisierend und leistungsstärkend. Allerdings wird er auch sehr subjektiv empfunden. Zudem ist zu unterscheiden zwischen positivem und negativem sowie zwischen akutem und chronischem Stress.

Während ein kurzzeitiger Zustand gesteigerter Konzentrations- und Leistungsfähigkeit (Eustress) sich in entsprechenden Situationen als zweckdienlich und effektiv erweist, geschieht bei seinem längerfristigen Andauern das Gegenteil – Überreizung und Krankheitsbegünstigung sind die Folge (Distress) [10].

Eustress

ist gewissermaßen „positiver Stress", der zur Motivation und Leistungserbringung beiträgt. Als „negativer Stress" wirkt hingegen Distress, für den besonders der Faktor Zeit relevant ist und der bei seinem Fortbestehen zu Überforderung und Belastung führt.

Dieser Umstand ist besonders relevant angesichts der Stressoren, mit denen sich der Mensch heute auseinandersetzen muss. Hier sind natürliche, triebgebundene Reaktionen wie kämpfen oder flüchten – etwa wenn der Chef sich über die erbrachten Leistungen beschwert – aufgrund der gesellschaftlichen Konventionen unangebracht. Der Mensch ist in vielfältiger Weise dazu gezwungen, bestimmte Stresssituationen auszuhalten und Ruhe zu bewahren. Das bedeutet allerdings auch, dass das ausgeschüttete Adrenalin nicht sofort abgebaut wird. So entsteht im Körper Dauerstress, der mittlerweile ein weit verbreitetes gesellschaftliches Phänomen darstellt. Die Grenze zwischen diffusem „Stress" und einer diagnostizierbaren Krankheit – psychisch z. B. als Depression oder physisch z. B. in Form von Kopf- oder Rückenschmerzen – ist fließend. Dies kann vor allem für hochsensible Menschen belastend wirken, da sie Stress intensiver wahrnehmen und darüber hinaus häufig Schwierigkeiten mit dessen Abbau haben. Genau aus diesem Grund ist dem Faktor der physischen Aktivität besondere Aufmerksamkeit zu widmen.

Chronischer Stress bedingt im menschlichen Körper das Entstehen eines andauernden Erregungszustandes, der mit dem Hormonstoffwechsel zusammenhängt. In der kurzfristigen Alarmbereitschaft versetzen Reaktionen wie Muskelanspannung und Bluthochdruck den Körper in eine verbesserte Abwehrhaltung. Bleibt die nötige Entspannung nach der gesteigerten Anspannung jedoch aus, chronifiziert sich der Stress und resultiert in Überlastung, Unruhe und Erschöpfung.

Wissenschaftliche Studien bestätigen ein erhöhtes Risiko für Personen, die Dauerstress ausgesetzt sind, Schlaganfälle oder Herzinfarkte zu erleiden. Ebenfalls beeinträchtigt werden können die Funktionen des Magen-Darms-Trakts, das Immunsystem sowie die Libido. Des Weiteren wirkt sich der kontinuierliche Erregungszustand auch auf die geistigen Fähigkeiten aus. So sind etwa Einschränkungen der Konzentrationsleistung durch pathologischen Stress möglich.

Pathologischer Stress

Folgt eine stressige Situation auf die nächste, wie in einem vollgepackten Berufsalltag oder einer schwierigen Lage zu Hause, dann kommt man nie ganz zurück in den Normalzustand. Die Stressreaktionen fallen immer stärker aus, denn die Hormone zirkulieren ja ohnehin schon in den Blutbahnen. So entstehen ein Teufelskreis und chronischer Stress. Deshalb spricht man in diesem Fall von einer ungerechtfertigten Stressantwort, die schnell pathologisch wird, also gesundheitliche Auswirkungen hat.

Letztlich leidet auch die Psyche: Chronisch gestresste Menschen erleben häufiger innere Anspannung, Unruhe, Nervosität, Reizbarkeit, allgemeine Unzufriedenheit, Ängstlichkeit oder Aggressionen. Als weitere mögliche Folgen auf psychischer Ebene können zudem ein Burn-out oder Depressionen auftreten. Unter chronischem Stress Stehende haben besonders häufig mit einem verminderten Selbstwertgefühl, geringem Selbstvertrauen, dem Gefühl der Wertlosigkeit, Schlafstörungen und negativen, pessimistischen Gedanken bis hin zu Suizidgedanken zu kämpfen.Daneben kann chronischer Stress auch in Form vereinzelter Panikattacken auftreten oder sich gar als solche manifestieren. Hier entsteht auf subjektiver Ebene ein Zustand intensiv erlebter Angst, die sich zum Teil wie Todesangst anfühlt und gewöhnlich eine Fluchtreaktion auslöst. Panikattacken treten üblicherweise ohne Vorwarnung auf und können zwischen einigen Minuten bis hin zu einer halben Stunde andauern. Hier sind typische, mit einer Fluchtreaktion einhergehende Symptome wie Herzklopfen, Schweißausbrüche, Schwindel, Ohnmachtsgefühle, Atemnot etc. zu beobachten. Auch auf körperlicher Ebene kann sich Stress pathologisch manifestieren und Studien zufolge zu einer dauerhaften Veränderung der Hirnstruktur führen. Grund ist eine kontinuierliche Überlastung des Gehirns in seiner Funktionsweise. Die Strukturveränderung im Gehirn birgt längerfristig die Gefahr eines Abbaus von Gehirnmasse. Auf lange Sicht kann dieser Umstand eine Verschlechterung der Gedächtnisleistungen und kognitiven Kompetenzen bedingen.

Dauerstress macht sich mitunter auch auf der Ebene der Sinnesorgane bemerkbar. Verursacht Stress körperliche Symptome, spricht man von psychosomatischen Erkrankungen [11].

2.6   Psychosomatische Erkrankungen

Psychosomatische Erkrankungen bezeichnen körperliche Beschwerden, die durch seelische Belastungen wie Stress oder Kummer hervorgerufen werden. Patienten fühlen sich häufig körperlich krank, ohne dass der Arzt tatsächlich physische Ursachen feststellen kann.

Viele Menschen reagieren auf Dauerstress mit Tinnitus oder Hörsturz. Auch diese können sich im schlimmsten Fall chronifizieren und massive Einschränkungen der Lebensqualität verursachen. Wissenschaftlichen Erkenntnissen zufolge schwächt chronischer Stress das Herzkreislaufsystem und chronisch Gestresste leiden im Schnitt etwa doppelt so häufig unter entsprechenden Krankheiten wie Menschen mit einem durchschnittlichen Stresslevel. So kann anhaltender Stress beispielsweise Bluthochdruck auslösen. Infolge der vermehrten Ausschüttung von Stresshormonen, insbesondere Cortisol, wird der Körper zu einer verstärkten Freisetzung von Fettsäuren und Glucose angeregt – ein Überangebot an Energiequellen entsteht. Des Weiteren stellt Dauerstress einen erheblichen Risikofaktor für die Volkskrankheit Diabetes dar [12].

Der durch das Adrenalin ausgelöste chronische Erregungszustand verursacht auf physischer Ebene eine stete Anspannung der Muskulatur, da der Körper sich dauerhaft in Alarmbereitschaft befindet. Infolgedessen treten nicht selten Kopf- und Rückenschmerzen auf.

In den psychosomatischen Erkrankungen liegt im Joballtag unmittelbar der nächste Teufelskreis begründet: Nicht betroffene Kollegen und

Kollegen stempeln an einem Burn-out oder an chronischen Schmerzen leidende Menschen schnell als Hypochonder oder – nicht medizinisch ausgedrückt – als „Faulenzer" ab. Da möchte sich jemand wohl vor einer Aufgabe drücken. Umgekehrt mag es natürlich auch vorkommen, dass man sich nicht eindeutig diagnostizierbare Krankheiten zunutze macht, um dem hektischen Berufsalltag zu entkommen. In beiden Fällen handelt es sich um Fluchtreaktionen und auch wenn die dahinterliegende Motivation ganz unterschiedlich sein mag: es bringt für eine funktionierende Zusammenarbeit in Zeiten des Umbruchs und der veränderten Umweltbedingungen rein gar nichts, sich gegenseitig die Schuld zuzuschieben oder die Begründetheit eines Symptoms zu diskutieren. Die Akzeptanz individueller emotionaler und körperlicher Reaktionen muss vielmehr die Basis jeder heutigen und künftigen Zusammenarbeit sein. Man kann es sich schlichtweg nicht mehr leisten nicht konform funktionierende Menschen auszusortieren. Das Phänomen VUCA wird nämlich über kurz oder lang – und hier ist „kurz" sehr viel wahrscheinlicher – dass nicht mehr viele Teammitglieder übrig bleiben, wenn dieses Schablonen-Schema fortgesetzt wird. Wenn dann erst einmal die aussortiere Gruppe größer als die vermeintlich konforme Gruppe ist – dann entsteht Veränderung!

Literatur

1. Aron, Elaine N. 2019. *Sind Sie hochsensibel? Wie Sie Ihre Empfindsamkeit erkennen, verstehen und nutzen*, 13. Aufl. München: mvg Verlag.
2. Böttcher, Jutta und Sabrina Görlitz. 2017. Hochsensibilität und Trauma, Aurum Cordis – Kompetenzzentrum für Hochsensibilität. https://www.aurum-cordis.de/hochsensibilitaet-und-trauma. Zugegriffen: 14. Dez. 2021.
3. Internationale statistische Klassifikationen der Krankheiten und verwandter Gesundheitsprobleme, herausgegeben von der Weltgesundheitsorganisation (WHO).
4. Kern, Anne-Barbara. 2020. Das Alien-Gefühl: Ursachen erkennen und auflösen | Anne-Barbara Kern. In hochsensibel sein. https://hochsensibel-sein.de/das-alien-gefuehl-ursachen-erkennen-und-aufloesen. Zugegriffen: 5. Dez. 2021.

5. Meyer, Björn, Muriel Ajchenbrenner, und David P. Bowles. 2005. Sensory sensitivity, attachment experiences, and rejection responses among adults with borderline and avoidant features. *Journal of Personality Disorders* 19(6):641–658.

6. Aron, Elaine N., und Arthur Aron. 1997. Sensory-processing sensitivity and its relation to introversion and emotionality. *Journal of Personality and Social Psychology* 73(2):345–368.

7. Klages, Wolfgang. 1978. *Der sensible Mensch: Psychologie, Psychopathologie und Therapie*, 1. Aufl. (Flexibles Taschenbuch), 18 ff. Stuttgart: Enke.

8. Bauerfeind, Silke: Overload/Meltdown/Shutdown – was ist das?, in: Ellas Blog – Leben mit Autismus. o. D. https://ellasblog.de/autismus/herausforderndes-verhalten-overload-meltdown. Zugegriffen: 1. Dez. 2021.

9. Kampf-oder-Flucht-Reaktion, in: Lexikon der Biologie. 1999. https://www.spektrum.de/lexikon/biologie/kampf-oder-flucht-reaktion/35305. Zugegriffen: 1. Dez. 2021.

10. Wippert, Pia-Maria. 2009. Hintergrundwissen Stress – Der Körper unter Spannung. *ergopraxis* 2(5):22–25 (Georg Thieme Verlag KG).

11. Neurolab GmbH: Chronischer Stress – Neurostress, in: Neurolab. 11.06.2019. https://neurolab.eu/neurostress/chronischer-stress/. Zugegriffen: 5. Dez. 2021.

12. Wirtz, Petra H., und Roland von Känel. 2017. Psychological Stress, Inflammation, and Coronary Heart Disease. *Current Cardiology Reports* 19(11):111.

13. Hensel, Ulrike. 2018. *Hochsensibilität verstehen und wertschätzen: Mit ausführlichem Fragebogen „Bin ich hochsensibel?"*, 2. Aufl. Paderborn: Junfernmann Verlag.

3

Zwischen Introvertiertheit, Hyperaktivität, Hochbegabung und Impostor-Syndrom – Ausprägungen, Rollen und Zuschreibungen

In einer Welt, in der man sich zunehmend schlechter zurechtfindet, weil Sicherheiten und Leitplanken fehlen, helfen Klassifizierungen den Menschen oft weiter. Es wiederholt sich das Phänomen, dass man sich dann einer Gruppe zugehörig fühlt und weniger unsicher. Ein eigentlich dem Wunsch nach Selbstverwirklichung und Freiheit zuwiderlaufender Trend – was schon auf den ambivalenten Zustand von Emotion und Kognition in der heutigen Welt hinweist.

> **Ambivalenz**
>
> Ambivalenz wird mit Vorstellungen und Gefühlen verbunden, die als Hin- und Hergerissen, Pendeln, Zögern, Zweifeln oder Schweben beschrieben werden. Ambivalenzen aller Art gelten als Merkmal gegenwärtiger, „postmoderner" Gesellschaften und sie nehmen gewaltig zu. Ambivalenzen im positiven Sinne sind die Produktivkräfte kreativen Denkens und Handelns schlechthin. Sie können sich aber auch ins Gegenteil verwandeln: in Handlungsunfähigkeit aufgrund zu unterschiedlicher Wahloptionen.

Wohl aus dieser Motivation heraus, aus dem Bedürfnis nach Entscheidung und Zugehörigkeit tauchen immer neue und gegeneinander

T. Schröder, *Hochsensibilität – Jobchance oder Karrierekiller in der VUCA-Welt*, https://doi.org/10.1007/978-3-658-37987-2_3

nur mäßig gut abgegrenzte Wesensmerkmale auf – mal als „Störung",
mal als Modediagnose. Es braucht „Begründungen" für abweichendes
Verhalten.

Wir selbst brauchen sie für uns und gegenüber Dritten.

Aber warum eigentlich – als Entschuldigung? Oder zur Bildung
neuer Gruppen mit Gleichgesinnten, die die Welt neu/anders verstehen?

Keine der folgenden Beschreibungen der Wesensarten eines
Menschen – oder seines Temperaments – ist exklusiv. Manche Aus-
prägungen sind bewusst isoliert und pointiert erwähnt, um das
Bewusstsein für diese besonderen Merkmale zu schärfen. In der Realität wird es tatsächlich stärker um Mischformen gehen. Keine (mit
Ausnahme von ADHS) ist eine Krankheit im Sinne der WHO-Klassi-
fizierung. Und doch wird es für die Zukunft mehr und mehr wichtig
sein, hinter die Fassade des Menschen, des Teammitglieds, des Kollegen
zu schauen:

- Wie tickt sie oder er?
- Können wir uns gut riechen?
- Sind wir auf einer Wellenlänge und haben wir einen Draht
  zueinander?
- Stehen wir auf der gleichen Seite?

All diese Fragen geben schon einen Hinweis darauf, dass es nicht ausreicht, sich auf Qualifikationen und Zertifikate zu verlassen, wenn wir
im Team arbeiten. Und wenn wir Flexibilität als eine der wichtigsten
Zukunftskompetenzen postulieren.

3.1   Introvertiertheit – „Ich kann vieles, aber ich muss es nicht jedem laut entgegen schreien"

Introvertiert ist gleich schüchtern – das ist ein wohl weit verbreitetes
Vorurteil. Der oder die ist zurückhaltend und in sich gekehrt: das
denken die meisten Menschen über Introvertiertheit. Viel richtiger ist

aber, dass das nur die sichtbare Ausprägung eines Phänomens ist. Denn der Umgang mit anderen Menschen kostet introvertierte Menschen Energie, auftanken und sich erholen können sie am besten allein.

Das heißt nicht, dass Introvertierte keine sozialen Kontakte brauchen. Sie genießen es durchaus, Zeit mit anderen zu verbringen, und sind meist sehr mitfühlend, verständnisvoll und sensibel. Nur sind sie danach erschöpft (oder voll von zu verarbeitenden Impressionen) und brauchen Regenerationszeit, während Extrovertierte sich ins nächste Abenteuer schwingen.

Introvertiertheit ist ein Fachausdruck für eine nach innen orientierte Verhaltensweise. Menschen mit diesem Persönlichkeitsmerkmal konzentrieren sich eher auf ihre Gefühle als auf ihr äußeres Auftreten. Obwohl schätzungsweise 25 % aller Erwachsenen introvertiert sein sollen, gibt es immer noch viele Missverständnisse oder Vorurteile über diesen Persönlichkeitstyp. Introvertiertes Verhalten hat nichts mit Schüchternheit oder sozialer Angst zu tun. Jonathan Cheek ist ein bekannter Psychologe, der sich mit dem Thema Introvertiertheit auseinandergesetzt und dabei vier verschiedene Typen von Introversion definiert hat [1].

Der soziale Typ

Der sozial-introvertierte Typ verkörpert eine Persönlichkeit, die allgemein mit dem Begriff introvertiert assoziiert wird. Diese Personen fühlen sich in einer kleinen Gruppe von Menschen am wohlsten. Häufig wird die Einsamkeit vorgezogen. Während sich andere auf Partys treffen, bleiben sozial introvertierte Menschen am liebsten zu Hause, lesen ein Buch oder chatten am Computer. Die Ursache dieses Verhaltens ist allerdings nicht Ängstlichkeit oder sozialer Rückzug. Menschen mit sozial-introvertierter Prägung sind gerne allein. Das schließt das Zusammensein nicht a priori aus. Aber es passt zum vermeintlichen Gruppenzwang und zum „Herdentrieb" der Menschen vergleichsweise weniger.

Der denkende Typ

Ein „denkender" Introvertierter zeichnet sich durch nachdenkliches und selbstreflexives Verhalten aus. Der denkende introvertierte Typ lebt häufig in einer eigenen Fantasiewelt. Große Ansammlungen von Menschen, die keinen offenbaren Anlass haben (der Geburtstag als Anlass reicht dem denkenden Introvertierten dabei kaum aus) sind in dieser Welt nicht vorgesehen. Dabei handelt es sich jedoch nicht um eine neurotische Persönlichkeit, sondern um einen sehr einfallsreichen, mit sich im Reinen (sofern nicht ein Dritter ihn auf seinen „Mangel" anspricht) und äußerst kreativen Menschen.

Der ängstliche Typ

Der ängstlich-introvertierte Persönlichkeitstyp sucht bewusst das Alleinsein und fühlt sich unter vielen fremden Menschen unsicher und unwohl. Diese Ängstlichkeit lässt aber auch im Alleinsein nicht zwingend nach. Auf ihre sozialen Fähigkeiten verlassen sich Menschen mit diesem Persönlichkeitsmerkmal nicht. Die Furcht vor Problemen ist hier so groß, dass das Abwägen aller möglichen Eventualitäten zum sozialen Hemmschuh werden kann. Während die ersten beiden Typen auch (oder erst recht) alleine gut klarkommen, läuft der ängstliche Typ eher Gefahr in eine Störung/Depression zu verfallen. Wesensmerkmale von Menschen sind in den seltensten Fällen eindimensional und erst recht nicht singulär zu beschreiben.

Der zurückhaltende Typ

Ein zurückhaltend-introvertierter Mensch wird von anderen meist als „reserviert" wahrgenommen. Manchmal wirken zurückhaltende Introvertierte auf ihr Umfeld auch wortkarg, uninteressiert, langsam und behäbig. Entschlossenes Vorgehen ist ihnen fremd. Sie benötigen etwas mehr Zeit, um Entscheidungen zu treffen. Oft sind zurückhaltend-introvertierte Persönlichkeiten davon überzeugt, dass viele Dinge im Leben für sie unerreichbar sind (Impostor-Syndrom). Dennoch werden alle Aufgaben mit größter Sorgfalt und Gewissenhaftigkeit erledigt.

Introvertiert zu sein ist eine Eigenschaft, die auf einem nach innen gerichteten Fokus basiert. Im Unterschied zu einer extrovertierten Person, richtet sich die Aufmerksamkeit mehr auf die eigene Gefühlswelt und Gedankengänge. Ein introvertierter Charakter wird tendenziell mehr durch innere Prozesse gesteuert – das berühmte „Bauchgefühl" ist hier stärker ausgeprägt, lässt sich gegenüber Dritten aber nicht gut erklären. So erscheinen Entscheidungen vielleicht weniger rational, obwohl sie viel bedachter getroffen werden.

Obwohl jeder Mensch einen individuellen, einzigartigen Charakter besitzt, gibt es einige Gemeinsamkeiten, die bei fast allen Introvertierten zu finden sind.

Im Job arbeiten introvertierte Menschen sehr konzentriert. Sie vermeiden Nebenschauplätze und Nebengeräusche. Einer der größten Zeitkiller – auch Prokrastination genannt und durch mannigfaltige Ablenkung begleitet – ist ihnen eher fremd. Musik im Hintergrund stört sie nur, und Small-Talk an der Kaffeemaschine muss nicht sein. Introvertierte arbeiten lieber allein, als mit mehreren Menschen ein Büro zu teilen. Das hat nichts mit Unfreundlichkeit und unsozialem Verhalten zu tun. Es hängt einfach mit ihrer Wahrnehmung und ihrem Arbeitsstil zusammen.

Prokrastination

Eine neue Studie zeigt, dass eine von fünf Personen so stark von Prokrastination betroffen ist, dass ihre Karriere darunter leidet. Darunter versteht man das krankhafte Aufschieben von anstehenden Arbeiten und die Beschäftigung mit sinnlosen Tätigkeiten.

Ruhige Menschen sind im Joballtag wertvolle Mitarbeiter. Sie bringen viele Kompetenzen mit, sie arbeiten effizient und mit guten Leistungen. Es ist wichtig, diese Mitarbeiter zu identifizieren und positiv zu beachten. Denn in vielen Berufen sind es genau die leisen Menschen, die die beste Leistung bringen. Nur posaunen sie ihre Erfolge nicht so laut in die Welt hinaus. Je lauter das Umfeld, desto eher gehen sie unter. Gerade wenn es um Beförderungen geht, ist es immer noch so, dass es besser ist den Mund aufzumachen als „nur" gute Leistung zu zeigen.

Um das Verständnis zwischen Introvertierten und Extrovertierten zu steigern, muss klar sein, dass es sich dabei um zwei verschiedene Persönlichkeitstypen handelt, die ihre jeweiligen Vor- und Nachteile haben. Keiner der beiden ist von Grund auf besser oder schlechter und sollte deshalb bevorzugt werden. Alle Menschen haben ihre persönlichen Stärken, die erkannt und gefördert werden sollten. So können Introvertierte eine

Reihe an positiven Eigenschaften mit sich bringen, über die Extrovertierte vielleicht nicht oder nicht in diesem Ausmaß verfügen.

- Sie sind gute Zuhörer und Beobachter. Anstatt zu sprechen, hören Introvertierte lieber zu.
- Sie sind oft aufmerksamer als ihre extrovertierten Kollegen und ihnen fallen Dinge auf, die andere eher übersehen.
- Sie arbeiten eigenständiger. Das selbstständige Strukturieren eines Projekts ist für Introvertierte sehr leicht. Sie arbeiten sich problemlos auch in neue Themen ein und benötigen nicht unbedingt eine führende Hand.
- Sie sind korrekt und genau. Aufgaben werden von introvertierten Mitarbeitern mit Bedacht ausgeführt. Flüchtigkeitsfehler sind eher untypisch.
- Introvertierte überlegen, bevor sie sprechen – eine seltene Eigenschaft im Social-Media-Zeitalter, in dem es ums Ego geht. Sie können sich besser in andere Menschen hineinversetzen und finden oft genau die richtigen Worte. Gespräche unter vier Augen werden Meetings in einer großen Gruppe vorgezogen.
- Die Fähigkeit, ihrem Gegenüber zuzuhören, macht sie außerdem zu guten Vorgesetzten, die ihre Mitarbeiter zu Höchstleistungen motivieren können.

Introvertierte müssen sich nicht verstellen, um bessere Chancen auf einen Arbeitsplatz oder ihren Traumjob zu haben. Ein wenig Marketing für die eigene Person (Personal Branding) schadet aber in keinem Fall. Daher ist es angebracht, die negativ behafteten Vorurteile, die mit ruhigeren Persönlichkeiten in Verbindung gebracht werden, in der Gesellschaft zu eliminieren. Viele Arbeitgeber sind erstaunt, wenn vermeintlich schüchterne Kollegen einen witzigen und fachlich exzellenten Vortrag halten [1].

3.2 ADHS/ADS – „Ich rede viel, aber bringe nicht viel zum Abschluss"

Das Zappelphilipp-Syndrom – medizinisch als Aufmerksamkeitsdefizit-Hyperaktivitätsstörung (ADHS) oder Aktivitäts- und Aufmerksamkeitsstörung bezeichnet – ist eine ernst zu nehmende folgenschwere Störung – und im Zusammenhang der hier verwendeten Begrifflichkeiten die einzig medizinische Indikation! Bereits 1845 beschrieb der Frankfurter Nervenarzt Dr. Heinrich Hoffmann Anzeichen einer ADHS in seinem weltbekannten Kinderbuch „Struwwelpeter". Es handelt sich entsprechend keineswegs um eine „Modekrankheit". Man vermutet heute, dass Hauptursachen für ADHS in Veränderungen der Funktionsweise des Gehirns zu suchen sind. ADHS-Symptome lassen sich in drei Kernbereiche einteilen:

• Aufmerksamkeits- und Konzentrationsschwächen,
• impulsive Verhaltensweisen,
• ausgeprägte Unruhe.

Probleme in einem/oder allen Bereichen können auch im normalen Entwicklungsverlauf auftreten. Kinder und Jugendliche mit ADHS unterscheiden sich von „gesunden" Gleichaltrigen hinsichtlich des Ausmaßes und der Stärke der Probleme. Aufgrund der ADHS-Symptome kommt es bei vielen Betroffenen zu deutlichen Schwierigkeiten in wichtigen Lebensbereichen wie Familie und Schule und im Umgang mit Gleichaltrigen. Häufig ziehen die Probleme Konflikte in zwischenmenschlichen Beziehungen nach sich.

ADHS-Betroffene suchen oft die Selbstständigkeit. Die Vorstellung, Entscheidungen selbst treffen zu können und keinen Chef über sich zu haben, ist für sie besonders verlockend. Mit ihren kreativen Ideen ist das zunächst auch keine schlechte Wahl. Leider scheitern selbstständige ADHS-ler aber häufig, und das aus Gründen, die andere Menschen überhaupt nicht verstehen können: Sie machen keine Steuererklärung, verpassen die Anmeldung der Umsatzsteuer, bezahlen ihre Rechnungen nicht. Sie verlieren den Überblick über ihre Finanzen, denn die sind für Selbstständige kompliziert, zeitaufwendig und langweilig. Sie verlangen Disziplin und Hartnäckigkeit. ADHS'ler finden wichtige Dokumente nicht, sie stellen Rechnungen für ihre Leistungen nicht rechtzeitig und verpassen, ihre säumigen Kunden zu mahnen, denn das ist „störend" für das vermeintlich harmonische Gesamtgefüge, dass sich ADHS'ler als ihr Leben zurecht bauen. Ohne Druck und Zwang von außen, erliegen sie oft der Versuchung, sich nur mit den Dingen zu beschäftigen, die sie interessieren und ihnen Spaß machen. Prokrastination ist ein ständiger Begleiter, wenn auch nicht bewusst.

Die ADHS-Eigenschaften sind meist auch keine gute Voraussetzung, um eigenes Personal zu führen und zu motivieren [2].

An dieser Stelle kann eine erste Win-win-Situation konstatiert werden: wenn sich der scheinbar langweile (introvertierte) Buchhalter mit dem unkonzentrierten ADHS'ler zusammentut, kann dies durchaus zu einer neuen Stufe der Wertschöpfung in der Zusammenarbeit führen. Das Gegenteil ist aber – das sei nicht verschwiegen – genauso möglich.

Dr. Eckhart von Hirschhausen hat ein wunderbares Beispiel dafür, wie Menschen aufgrund ihrer besonderen (anderen) Kompetenzen den richtigen Platz (Job) finden können: er erzählt von einem Pinguin, der in der Wüste ist. Dort ist er ungeschickt und unbrauchbar. Kaum ist er aber im Wasser, erscheint er schnell, geschickt, wendig, unglaublich elegant „Wenn ein Pinguin in der Wüste ist, dann ist es kein Wunder, dass es nicht flutscht" [3]. Eckhardt von Hirschhausen schafft es mit diesem kurzen Appell an die Menschen, Achtsamkeit zu provozieren. Eine Umgebung, in der individuelle Stärken gebraucht werden, lässt den Menschen zur Geltung kommen. Und daraus wiederum resultiert: Stärken zu Stärken ist so viel besser als sich mit seinen Schwächen zu beschäftigen.

3.3 Hochbegabung – „Ich kann ganz außergewöhnlich viel, ecke damit aber oft an"

Mehrere Jobs gleichzeitig, davon zumindest einer in einer selbstständigen Position, das ist bei Hochbegabten eine typische Berufssituation. Das Jonglieren mit Aufgaben gelingt scheinbar mühelos – weniger aber das Jonglieren mit Menschen und Worten.

Eine der größten Herausforderungen im Berufsalltag Hochbegabter ist die Kommunikation. Oft können Hochbegabte nicht einschätzen, ob sie ihren Kollegen oder ihrem Team zu viele oder zu wenig Information gegeben habe. Sie platzen mit Lösungen heraus, bevor andere das Problem internalisiert haben. Und auf besserwisserische Belehrungen reagiert die Arbeitswelt seit jeher empfindlich. Erst recht die New Work der Selbstorganisation und Selbstverwirklichung. Am besten funktioniert die Zusammenarbeit mit anderen Hochbegabten, so melden sich Betroffene zu Wort. Nicht umsonst gibt es Hochbegabtenclubs – das bereits erwähnte Gruppenphänomen. Innerhalb dieser Zirkel ist man unter seinesgleichen und muss sich nicht erklären oder verstellen.

Hochbegabung heißt darum aber noch lange nicht automatisch „Top Job". Gerade in hierarchisch strukturierten, traditionellen Industrieunternehmen sind Hochbegabte nicht gut aufgehoben, wenn dort Prozesse etabliert und schwer veränderbar sind. „Besser sind hierarchisch flache Unternehmen wie Start-ups oder das Consultingumfeld. Hier gibt es ständig neue Herausforderungen und intelligenter Rat (Klugscheißen)" ist hier ausgesprochen erwünscht [4].

Nur weil jemand „schlau" oder „intelligent" ist, heißt das noch nicht, dass die Entscheidungsfindung im Berufsleben und der Karriereweg ohne Hindernisse bleibt. Im Gegenteil. Häufig erleben gerade Hochbegabte Stress, Frustration und Ängste in Bezug auf ihren Beruf. Hochbegabung gibt es in vielfältigen Formen und Arten. Manche Menschen sind beispielsweise besonders talentiert in einem Bereich wie etwa Sport,

Kunst, Musik und Mathematik oder sie sind emotional besonders intelligent mit einem ausgeprägten Sinn gegenüber anderen oder einem starken und außergewöhnlichen Führungsstil. Und genau so vielfältig wie die Begabungen sind, sollten auch die Berufswege sein dürfen. Leider ähneln sich in bekannten Biografien Hochbegabter die Herausforderungen in Berufswahl und Berufsleben sehr stark. Denn begabte Menschen haben oft vielfältige Interessen und Fähigkeiten und passen damit in keine Schublade.

Wenn es um die typischen Berufe von Hochbegabten geht, fallen schnell Begriffe wie Ärztin, Anwalt, Manager … Kaum jemand ist ganz frei von diesen Einflüssen und viele leben sie noch genauso wie vor vielen Jahren. Und auch wenn ein Umdenken stattfindet und es einen Shift hin zu einem Bedürfnis nach einem glücklichen und erfüllten Leben gibt, erfahren gerade Hochbegabte häufig einen „starken Druck", ihr Potenzial ausschöpfen und Karriere machen zu müssen. Das ist übrigens unabhängig davon, ob die Hochbegabung bewusst ist oder nicht.

So ist es wenig verwunderlich, dass einige Hochbegabte sich fühlen, als wären sie in einem falschen Beruf gelandet. In einem Beruf, der für andere, aber nicht für sie selbst passt, prestigeträchtig ist und der nicht allen Talenten gerecht wird. Viele trauen sich aber nicht, in einen anderen Beruf zu wechseln, weil sie dort vielleicht von ganz unten anfangen müssten. Das kann Angst machen und starke Selbstzweifel hervorrufen. Schließlich können Perfektionismus und der Drang, der oder die Beste zu sein, sehr groß sein. Manchmal lohnt sich der Sprung ins kalte Wasser.

Bore-out statt Burn-out
Ausgebranntsein, Erschöpfung, Kraftlosigkeit – diese Symptome gab es schon immer. Als Burn-out sind sie vermehrt ins öffentliche Bewusstsein getreten und werden inzwischen auch als ernst zu nehmendes Problem wahrgenommen. Ähnliches lässt sich beim Bore-out beobachten. Ähnlich wie beim Burn-out verbergen sich dahinter Beschwerden, die nicht unterschätzt werden sollten. Oft leiden gerade hochbegabte Arbeitnehmer eher unter einer fachlichen Unterforderung als einer fachlichen Überforderung.

Monotonie kann an den Nerven zehren, das weiß jeder. Doch während manche Menschen eine gewisse Routine als Sicherheit empfinden, werden andere dadurch regelrecht zermürbt. Auch chronische Unterforderung – sowohl fachlich als auch mengenmäßig – Langeweile und Desinteresse können zu einem Bore-out führen. Es kann zum Problem werden, wenn man sich nicht in seine Arbeit vertiefen kann und man sich nicht mit seiner Arbeit identifizieren kann. Je vielfältiger die Interessen und die Begabungen, desto eher droht die Gefahr, dass der eine Job – auch wenn er Spaß macht – nicht ausreicht, das eigene Bedürfnis nicht befriedigt. Da dies unabhängig von der Vergütung und vom kollegialen Umfeld der Fall sein kann, stößt der Hochbegabte hier auf Unverständnis. „Du hast doch alles, was man sich (beruflich) wünschen kann" ist eben auch nur eine Zuschreibung von außen und trifft nicht zwingend das persönliche Empfinden.

3.4 Impostor-Syndrom – „Ich kenne meine Kompetenzen – eigentlich... und glaube dann doch nicht an mich"

Das Impostor-Syndrom ist auch als „Hochstapler -Syndrom" bekannt und wird oft im Zusammenhang mit Frauen genannt – dabei sind Studien zufolge fast genauso viele Männer davon betroffen. Gemeint ist, ein Gefühl der Unzulänglichkeit im Job, verbunden mit der Angst, irgendwann in seiner Inkompetenz entlarvt zu werden. 70 % aller Menschen sollen mindestens einmal im Leben vom Impostor-Syndrom betroffen sein – oft Persönlichkeiten mit der Neigung zu Perfektionismus.

Chance und Gefahr des Impostor-Syndroms
Ob Mann oder Frau, zwei Coping-Mechanismen scheinen sich beim Impostor-Syndrom immer wieder zu zeigen: Die einen werden fleißiger und sorgfältiger, bereiten alles akribisch vor und überlassen nichts dem Zufall. Sie werden immer besser und können am Ende von ihrem Mangel-Gefühl profitieren.

Die anderen prokrastinieren (s. o., aufschieben und vermeiden) zunehmend und lassen sich von ihrem Impostor-Syndrom lähmen. Sie malen sich aus, wie sie bloßgestellt werden und versagen. Oft machen sie sich kleiner als sie sind, um der zwangsläufigen Enttäuschung aktiv zuvorzukommen – und ziehen so im Worst Case das Versagen an wie eine „self-fulfilling prophecy".

Coping

In der Psychologie versteht man unter Coping die Gesamtheit aller Bemühungen und Anstrengungen einer Person, die sich in einer wichtigen und auch überfordernden sowie belastenden Situation befindet, in der sie nicht über entsprechende individuelle Anpassungsmöglichkeiten verfügt. Beim Coping handelt es sich ausschließlich um das Bemühen der Person, mit den Situationsanforderungen umzugehen, nicht um die erfolgreich angewendete Bewältigungsstrategie selbst. (Stangl, 2022, https://lexikon.stangl.eu/36/coping).

Impostor-Syndrom – wie kann man es überwinden?

1. **Austauschen:** Leidet man unter dem Impostor-Syndrom, so ist man nicht allein, wie die Zahlen zeigen. Es hilft, sich mit anderen auszutauschen. Man wird merken, dass auch andere Menschen, die man für höchst kompetent hält, oft an dem Syndrom leiden. In der Gruppe wird das eigene Problem kleiner, die Andersartigkeit weniger.
2. **Aufschreiben:** Ein Erfolgstagebuch kann dabei helfen, den Selbstwert zu unterstützen und das Impostor-Syndrom zu entlarven. In ihm kann man Erfolge, Feedbacks und Komplimente festhalten.
3. **Reinlehnen:** Durch Akzeptanz statt Verdrängen und Überspielen kann man das Impostor-Syndrom zu seinem Freund und Helfer machen. Genau diejenigen Eigenschaften, die man selbst am wenigsten an sich mag, können zu potenten Motivatoren und Karriere-Boostern werden. Aus der SWOT-Analyse kennt man es, die erkannten Schwächen in Stärken umzuwandeln. Auch wenn das leichter klingt als es ist: damit zu starten lohnt sich allemal.
4. **Coaching:** Die Zusammenarbeit mit einem Mentor kann unterstützend dabei sein, die eigenen professionellen Fähigkeiten besser

einzuordnen. Am besten sucht man sich eine Person, deren Arbeitsweise, Denkweise und Art, wie sie mit anderen Personen umgeht, man schätzt.

Qualifikation und Anforderungsprofil
Unter- oder Überqualifizierung stellen oft große Herausforderungen an die arbeitende Person und die Organisation. Eine exakte Passung der Fähigkeiten einer Person und dem Anforderungsprofil der Stelle ist allerdings kein Garant für Erfolg. Der Raum für Wachstum und Weiterentwicklung des Mitarbeiters ist hier tendenziell kleiner, als wenn man etwas unterqualifiziert ist – und sich im Job weiterqualifizieren kann mit anspruchsvollen Aufgaben [5].

Übrigens: Mit steigendem Alter gewinnen die meisten Menschen an Selbstsicherheit. Das Hochstapler-Syndrom treibt vor allem Jugendliche und junge Erwachsene um. Auf Dauer scheint es gut zu tun, sich seinem Erfolg nicht zu verschließen. Wenn man erfolgreich im Job ist, glaubt man in der Regel irgendwann, dass das nicht nur Glück gewesen sein kann. Auch wenn eine gewisse Demut vor den eigenen Fähigkeiten kaum schadet: Erfolge sollen und dürfen anerkannt werden. Auch von einem selbst.

3.5 Scanner – „Ich kann vieles richtig gut, außer mich zu entscheiden oder festzulegen"

Es gibt aber noch einen weiteren Persönlichkeitstyp, das Multitalent oder den Scanner.

Hier sind gleichzeitig mehrere Talente in überdurchschnittlichem Maß vorhanden und die Interessen so breit gestreut, dass die Berufswahl schwerfällt. Früher gab es hier die „Universal-Gelehrten" oder „Renaissance-Menschen", zu denen Leonardo da Vinci und Johann Wolfgang von Goethe gehörten; Goethe war Jurist, Naturforscher und Verfasser von Jahrhundert-Literatur.

Diese Persönlichkeiten widmeten sich völlig unterschiedlichen Arbeitsfeldern. Sie hatten dabei den Vorteil, dass das Wissensniveau in den einzelnen Disziplinen ihrer jeweiligen Kompetenzen und Talente wesentlich geringer war als in der heutigen Zeit. Wissen vermehrt sich heute schnell und umfangreich, dass allein die Ausbildung und Qualifizierung in einem einzigen Themenfeld viel Zeit in Anspruch nimmt. Mehrere Talente parallel zueinander zu schulen, ist folglich aufwendiger geworden. Experten sprießen wie Pilze aus dem Boden und auch die Zahl der Berufsbezeichnungen, die kaum ausdrücken, ob und wenn ja welche Qualifikation vorhanden ist, steigt täglich. Scanner unterliegen dem Druck eines ihrer Talente so weit auszubilden, dass sie dafür auch die gerade in deutschen Bildungs- und Jobzusammenhängen notwendigen Zertifikate nachweisen können – dies geht zulasten ihrer Vielfalt.

Wie auch bei Fünf- oder Zehnkämpfern im Sport bleibt dem Scanner zwangsläufig weniger Zeit für die einzelnen Bereiche, was z. B. bei den olympischen Spielen fairerweise dazu geführt hat, dass die Mehrfachkämpfer nur gegeneinander antreten müssen, aber nicht gegen die Spitzensportler der Einzeldisziplinen. Auf dem Arbeitsmarkt wird darauf allerdings keine Rücksicht genommen.

Viele Scanner befinden sich daher in einer Zwickmühle: Ihrem Naturell bzw. ihrem Temperament nach fällt es ihnen schwer, sich für einen Weg, ein Lebensthema, einen Beruf zu entscheiden. Anstatt sich aber über ihre vielfältigen Talente freuen zu können, passen sie damit nichts ins Schema. Nach innen hin wollen sie sich austoben, nach außen hin sollen sie sich beschränken. Nicht nur, dass das ihrem Wesen nicht entspricht – es sagt ihnen auch niemand, welcher der vielen Potenziale denn nun das richtige ist, auf das es sich zu fokussieren gilt. Was heißt in dem Zusammenhang dann auch richtig? Das Potenzial, das am meisten Markterfolg verspricht, das am glücklichsten macht oder mit dem man gesellschaftlich gut ankommt? Die Entscheidung für das eine Thema und den einen Beruf führt aber zwangsläufig zum Verzicht auf andere, was frustrieren und sogar lähmen kann, wenn man trotz vieler Talente, Interessen und Optionen seinen Weg nicht findet. Für viele Scanner gibt es den einen Beruf auch gar nicht, der alle ihre Talente zur Entfaltung bringen kann und lebenslanges Wachstum ermöglicht. Die innere Zerrissenheit zeigt sich nach außen hin durch einen vermeintlich unsteten Lebenswandel, viele Jobwechsel und Sprunghaftigkeit.

„Scanner" sind vielbegabte Menschen, die gerne mehrere Projekte gleichzeitig am Laufen haben, die sich für viele verschiedene, manchmal gar nicht zusammenhängende Bereiche interessieren und denen es oft schwerfällt, an einer Sache dranzubleiben. Anders als im Fall von ADHS braucht der Scanner aber die Abwechslung, um Kreativität und Kraft für das nächste Projekt zu schöpfen. Er behält in der Regel den Überblick über seine so unterschiedlichen Aktivitäten und kann auch wieder zu den angefangenen Projekten zurückkehren. Auch hier gilt: kein Mensch ist wie der andere – kein Scanner ist wie der andere. Es gibt auch solche, die eine Aufgabe mit viel Leidenschaft und Begeisterung starten. Haben sie es dann einmal verstanden, erlischt das Interesse an diesem Thema oft schnell wieder und die Scanner wenden sich einem neuen, spannenderen Projekt zu. Warum auch bei dem alten bleiben – man hat ja gelernt, was man lernen wollte [6].

Der Scanner blüht erst in der Vielfalt so richtig auf. Für eine Scanner-Persönlichkeit ist der Prozess wichtiger als das eigentliche Ergebnis.

Stärken der Scanner-Persönlichkeit
Scanner sind **im höchsten Maße kreativ.** Es gelingt ihnen schnell, sich in neue Situationen und Themen einzufinden.

Scanner lernen schnell und gerne und können sich gut und schnell in für sie unbekannte Themenbereiche einarbeiten. Oft sind Menschen mit Scanner-Persönlichkeit gute Autodidakten. Sie sind offen für neue Erfahrungen und Möglichkeiten, probieren gerne Neues aus und sehen Verknüpfungen und Chancen, die andere nicht vor Augen haben. Sie ‚scannen‘ dabei ständig den Möglichkeiten-Horizont ab und nehmen alles auf, was für sie selbst wichtig und wissenswert ist. Scanner sind großartig darin, neue Ideen zu generieren und sie lieben es, im kreativen Fluss zu sein.

Am wohlsten fühlt sich ein Mensch mit Scanner-Persönlichkeit, wenn er seine vielen Gaben und Talente möglichst frei ausleben kann.

Scanner brauchen Platz und Raum zum Spielen, Experimentieren und Entdecken.

Ihre Neugierde ist unergründlich. Doch das bemerkenswerteste ist die Kombination an Wissen und Fähigkeiten – sie sind nicht nur schrille Vögel, sondern intelligente schrille Vögel. Damit zeigen sie neue Wege auf und können Wandel initiieren.

Wenn ein Scanner erst einmal verstanden hat, wie er tickt und welche Form von Struktur erbraucht, kann das Leben Scanner-Sein eine unglaubliche Bereicherung für das eigene Leben (und das Leben Anderer) darstellen.

Herausforderungen der Scanner-Persönlichkeit

Scanner haben oft große **Schwierigkeiten, sich auf etwas festzulegen** oder an einer Sache dranzubleiben, weil es so Vieles gibt, was sie interessiert und reizt.

Viele Scanner leiden darunter, Dinge und Projekte nicht beenden zu können (zumindest nicht in der gesellschaftlich erwarteten Zeit und Reihenfolge) und oft sehen sie sich mit Unverständnis und negativen Kommentaren vonseiten der Umwelt konfrontiert, wenn sie wieder einmal mit einer neuen Projektidee um die Ecke kommen.

Typische Zeit- und Projektmanagement-Tools helfen Scannern nicht oder nur zeitlich begrenzt. Auch sie werden nach dem ersten Ausprobieren wieder langweilig. Menschen mit Scanner-Persönlichkeit „ticken" anders. Sie haben eine eigene Vorstellung davon, wann ein Projekt für sie beendet ist oder nicht.

Scanner sind dabei (vgl. ADS/ADHS) nicht grundsätzlich unstrukturiert – sie brauchen andere Strukturen, die flexibler und agiler sind als die herkömmlichen Methoden. Scanner haben ihre eigene Zeitrechnung und Vorstellung von Ordnung. Das ist nicht unbedingt – sogar in den seltensten Fällen – gruppenkompatibel. Wenn Menschen mit Scanner-Persönlichkeit sich erlauben, ihr Leben und Arbeiten auf eine Art und Weise zu gestalten, die wirklich zu ihnen passt und die ihrer vielseitigen Persönlichkeit gerecht wird, können Scanner Unglaubliches vollbringen – passen aber kaum in hierarchische Unternehmensstrukturen [6].

Die Vielfältigkeit des Scanner-Daseins kann, wenn sie richtig genutzt und kanalisiert wird, eine Bereicherung und Chance sein.

3.6   Wer bin ich und wenn ja wie viele

Sind Menschen denn nun soziale Wesen und brauchen eine Gruppe oder muss jeder für sich selbst erkennen wer er ist? Die Gruppe ist eine Grundform des sozialen Lebens, die unter den verschiedenen sozialen Gebilden, die sich im Verlauf der Menschheitsgeschichte entwickelt haben, eine herausragende Stelle einnimmt. Sie ist auch die verbreitetste Form des sozialen Verbunds; jeder Mensch gehört in der Regel verschiedenen sozialen Gruppen an, wie bspw. Familie, Freundeskreis, Arbeitsteams, politischen Verbänden oder jede spezifische Form von Freizeitgruppen. Innerhalb einer Gruppe treffen sich Menschen mit unterschiedlichen Wesensmerkmalen und Temperamenten; enge Beziehungen bilden sich aber oft unter Gleichgesinnten. Daher ist es Menschen so wichtig, sich bestimmten Merkmalen zugehörig zu fühlen. Anders zu sein führt zu Ausgrenzung – der Mensch selbst zieht sich zurück und auch das Umfeld. Stigmatisierung ist die negative Ausprägung einer Kennzeichnung, die zunächst einmal positiv gedeutet werden kann. Gleichzeitig ist Stigmatisierung aber auch relativ: Was in einer Gesellschaft oder in einer Gruppe als positives Merkmal oder Normalität gesehen wird, kann woanders oder zu einem anderen Zeitpunkt zu Stigmatisierung führen.

Es gibt also nicht das eine oder das andere: Gruppe oder Individuum, inneres ich und Zuschreibung von außen. In einem ständigen Prozess des Wechselspiels von Solidarität mit den anderen und Autonomie gegenüber den anderen gestalten Menschen ihr Leben. Man ist nie frei von Gruppen, kann aber frei in der Gruppe sein.

Das Buch von Richard David Precht „Wer bin ich und wenn ja wie viele" wurde nicht umsonst zum Bestseller, den es spielt mit dem Wesen des Menschen [7]. Bis dahin wurde immer recht trocken und theoretisch über Wesensmerkmale und Zuschreibungen diskutiert. Es muss aber vielmehr darum gehen, spielerisch über den Menschen nachzudenken – über das Abenteuer Leben und seine Möglichkeiten. Dann hört man auf zu stigmatisieren und zu kategorisieren und fängt an Unterschiedlichkeiten und Andersartigkeiten als Basis von Veränderungsprozessen zu begreifen. Kaum etwas wird relevanter sein in einer Welt des Umbruchs und der Veränderung.

Literatur

1. Indeed Editorial Team: Introvertierte im Berufsleben: Warum sie so oft unterschätzt werden. 27. Juli 2021. https://de.indeed.com/karriere-guide/neu-im-job/introvertierte-im-berufsleben. Zugegriffen: 22. Dez. 2021.
2. Neuy-Lobkowicz, Astrid. ADHS und Beruf. https://praxis-neuy.de/adhs/adhs-und-beruf/. Zugegriffen: 22. Dez. 2021.
3. von Hirschhausen, Eckhart. Die Pinguin-Geschichte Oder: Wie Man Sich In Seinem Element Fühlt. https://www.hirschhausen.com/glueck/die-pinguingeschichte.php. Zugegriffen: 28. Dez. 2021.
4. Lungershausen, Kati. Hochbegabung und Beruf. https://hochbegabung-hochsensibilitaet.de/hochbegabung-und-beruf/. Zugegriffen: 22. Dez. 2021.
5. Neureiter, M., und E. Traut-Mattausch. 2016. An Inner Barrier to Career Development: Preconditions of the Impostor Phenomenon and Consequences for Career Development. *Frontiers in Psychology* 7. https://doi.org/10.3389/fpsyg.2016.00048,Zugriffam23.12.2021.
6. Heintze, Anne: Vielbegabtes Multitalent: Die Scanner-Persönlichkeit. https://open-mind-akademie.de/category/vielbegabung-scanner-persoenlichkeit/. Zugegriffen: 22. Dez. 2021.
7. Precht, Richard David. 2012. *Wer Bin Ich und Wenn Ja Wie Viele.* München: Goldmann Verlag.

4

VUCA – Status quo, Arbeitswelt, New Work und was dann?

Die Digitalisierung hat eine Revolution von Wirtschaft und Gesellschaft eingeläutet. Neue Technologien werden immer schneller entwickelt. In dieser Situation ist noch völlig unklar, welche Rolle der Mensch dabei spielt – ob er ein Opfer oder ein Gestalter dieser Veränderung ist. Der Begriff, der diese Situation beschreibt, lautet VUCA.

In der VUCA-Welt gibt es disruptive Veränderungen, alles wird auf den Kopf gestellt, kein Stein bleibt auf dem anderen.

Disruption

Zunächst einmal ist eine Disruption eine Störung, eine Unterbrechung. Sie ist also durchaus ambivalent zu betrachten, denn im ersten Moment geht etwas kaputt, verschwindet, wird vernichtet. Erst wenn diese Disruption durch einen Neuanfang oder durch eine Veränderung ergänzt wird, kommt man in den positiv besetzten Bereich des Neuanfangs: Innovation entsteht.

Unternehmen stehen also vor großen Herausforderungen. In einem Umfeld, in dem Informationen im Überfluss vorhanden sind (Big Data), aber keine Vorhersagen mehr zulassen, Rahmenbedingungen sich

T. Schröder, *Hochsensibilität – Jobchance oder Karrierekiller in der VUCA-Welt*, https://doi.org/10.1007/978-3-658-37987-2_4

schnell ändern und Motivationen sich ständig wandeln, funktionieren auch bewährte Fähigkeiten sowie Denk- und Handlungsweise oft nicht mehr. Ohne flexible Anpassung an veränderte Bedingungen geht fast nichts mehr. Führungskräfte brauchen Fähigkeiten zur Veränderbarkeit sowie eine Unternehmenskultur, in der die Mitarbeitenden Veränderungen als Chance wahrnehmen [1].

Eine Potenzierung hat diese Welt durch Covid erhalten. Den Status quo gibt es nicht mehr. Durch Corona ist die VUCA-Welt unübersehbar geworden: Die Welt verändert sich exponentiell und unplanbar. Die Zusammenhänge sind komplex und unvorhersehbar.

Umso wichtiger ist es, so schnell wie möglich aus der Krise zu lernen. Welche Eigenschaften brauchen Organisationen, um in dieser hoch dynamischen Ära erfolgreich zurecht zu kommen und auch zukünftige Krisen zu überleben? Was zeichnet die Zukunftsfähigkeit von Organisationen aus? Braucht es besondere Typen von Menschen, die besser oder anders mit Krisen umgehen können als andere Menschen?

4.1   Merkmale der VUCA-Welt

VUCA steht für Volatility, Uncertainty, Complexity, Ambiguity.

V = Volatil (Volatility)
Die Natur und die Dynamik des Wandels entfalten enorme Kräfte und sind Katalysatoren für radikale Veränderungen

U = Ungewiss (Uncertainty)
Der Mangel an Berechenbarkeit, das Maß an unkontrollierbarer Überrumpelung und ein fehlendes Gefühl von Bewusstsein und Verständnis für Themen und Ereignisse sorgen für Ungewissheit

C = Komplex (Complexity)
Die Dynamik unserer Systeme multipliziert sich, während die Vernetzung gleichzeitig für Chaos und Verwirrung sorgt. Gesellschaften, Unternehmen aber auch das individuelle Leben bieten Multioptionen und Multikomplexität

A = Mehrdeutig (Ambiguity)
Es gibt keine einfachen Ursache-Wirkungszusammenhänge mehr. Die Realität ist verwirrend, oft unverständlich und in keiner Weise mehr planbar. Missdeutungen und Fehlinterpretationen nehmen zu, denn sehr häufig bricht die Verbindung zwischen Handeln und Wissen ab

4.2   Welche Folgen hat VUCA für Unternehmen?

Nichts bleibt wie es ist und alles wird anders – kaum eine Phase beweist das so sehr wie die aktuelle. An der Stelle ist es sinnvoll einmal „weg vom Menschen" und „hin zum Unternehmen" zu schauen: was bedeuten diese Buzzwords von Change, Disruption und Transformation ganz konkret im Joballtag?

1. Es wird volatil: Die Bindung der Kunden an Marken und Unternehmen lässt nach. Kunden kaufen heute hier und morgen dort. Brandlove – als die Liebe und Treue zu einer Marke schaffen gerade mal noch Apple und BMW… Unternehmen stehen vor der Frage: Wer sind morgen die Kunden und Wettbewerber? Was wünscht sich die Zielgruppe morgen und ist das dann überhaupt noch die gleiche Zielgruppe? Weil auf diese Frage schon lange keine klare Antwort mehr folgt, nimmt der Innovationsdruck in den Unternehmen rasant zu und wird noch weiter ansteigen. Unternehmen müssen möglichst flexibel sein und heute schon wissen, was morgen Trend ist.
2. Es wird ungewisser: Wer hätte gedacht, dass man sich Büropflanzen mieten kann oder Autos teilt? Die Ungewissheit über Marktentwicklungen nimmt rasant zu. Womit und mit wem werden Unternehmen in Zukunft noch Geld verdienen können? Welches Team braucht es dafür und wie kommt man als Unternehmen auf innovative, verrückte, aber trotzdem marktgängige Ideen? Ist es die Technik, die im Wettbewerb entscheidet oder der Mensch?
3. Es wird komplexer: Stichwort Globalisierung: es ist nicht allein das, was ein Unternehmen hier vor Ort entscheidet. Die Verflechtung führt zu größeren Abhängigkeiten zwischen Unternehmen und zum Überschwappen von Störungen in andere Regionen. Ein politisch und rechtlich verlässlicher globaler Rahmen fehlt. Vor diesem Hintergrund müssen Unternehmenslenker jederzeit in mehrere Richtungen denken. Mentale Agilität wird zu einer Kernkompetenz. Es braucht ein „Growth Mindset" sowohl auf Führungs- wie auch auf Teamebene.

4. Es wird mehrdeutig: Klare Ursache-Wirkungszusammenhänge werden sich immer weniger feststellen lassen. Die Wirkung von bisher bekannten und erfolgreichen Geschäftsmodellen wird nachlassen. Das Lernen von Best-Practice-Fällen, die Vertiefung von Know-how durch Erfahrung ist nicht mehr zwingend von Erfolg gekrönt. Es gibt keine Blaupause für die neue Arbeitswelt.

Also: Erfahrungsschatz wird wertlos. Je schneller sich die Welt verändert, umso endlicher wird Wissen beziehungsweise Erfahrungswissen. Das Optimum von gestern ist der Standard von heute. Wissen ist keine Macht mehr, die verborgen liegt, sondern es ist jedermann zugänglich. Wissen ist ein Allgemeingut geworden – das verändert den Wert von Zertifikaten und Qualifikationen. Des Weiteren spielen die vor allem durch digitale Kanäle gesteigerten Interaktionsmöglichkeiten von Unternehmen mit ihren Kunden, zwischen Geschäftspartnern sowie zwischen Kunden eine immer zentralere Rolle. Geschäftsmodelle, die auf Informationsasymmetrie oder Über-Unterstellung in Informationsvorsprüngen basieren, haben sich damit selbst die Geschäftsgrundlage entzogen [1].

Branchengrenzen lösen sich auf. Die Kunden von heute sind nicht mehr zwangsläufig auch die von morgen. Der Tendenz zu VUCA kann man nicht mit generellen und bisher allgemein gültigen Managementstrategien oder politischen Strategien begegnen. Lineare Lösungen, lineares Denken, lineares Management und lineare Karrieren sind in einer dynamischen, volatilen, veränderungsstarken und mehrdeutigen Welt keine Lösung, sondern ein Problem.

Das stellt völlig neue Anforderungen an Jobprofile. Denn Teams sind bisher auf Basis ihres Erfahrungsschatzes aufgestellt worden. Menschen sind auf Basis ihres „mitgebrachten" Wissens eingestellt worden. Lineare Lebensläufe waren das „non plus ultra". Wenn das nun nichts mehr wert ist (überspitzt gesagt) – braucht es dann „neue Menschen"?

Aufgrund der zunehmenden Komplexität braucht es ein immer Mehr an Experten, aber oft nur punktuell und für eine Sache und weniger oft für eine lang andauernde Zusammenarbeit. Gleichzeitig braucht es Freigeister, Querdenker, Hinterfrager und Andersmacher, die ständig daran erinnern, dass es so wie bisher nicht mehr geht. Alles in allem wird das

Arbeitsleben unübersichtlich und man hält kaum mit den Neuerungen Schritt. Für Unternehmen muss gelten den Mitarbeitenden, also den Menschen, Freiraum zum Experimentieren zu bieten und auf alle Eventualitäten vorbereitet zu sein.

Growth Mindset

Menschen mit einem Growth Mindset sind der Überzeugung, dass sie sich in jedem Bereich und jederzeit weiterentwickeln und verbessern können, wenn sie sich engagieren, trainieren oder lernen. Es ist ein dynamisches Selbstbild, das Wachstum bejaht und Veränderung für normal, sogar notwendig hält. Dieses Mindset sorgt nicht nur für weniger Stress im Job, es verspricht auch mehr Erfolg. Menschen mit einem Growth Mindset sehen Fehler als Chance, sich weiterzuentwickeln. Sie sind wissbegierig, um mehr über Dinge zu erfahren, die sie noch nicht kennen, und sie sind überzeugt, dass sie ihre Fähigkeiten weiter ausbauen können.

In einem solchen VUCA-Environment kann überhaupt nur derjenige Erfolg haben, der unablässig alles beobachtet und der in der Lage ist, hochsensibel auch schwächste Signale aufzuspüren und inmitten des großen Datenrauschens wahrzunehmen.

4.3   VUCA und der einzelne Mensch

Die Menschheit war noch nie in ihrer Geschichte so gut informiert, so stark untereinander vernetzt, so intensiv ineinander verwoben, wie heute. Genau darin liegt auch ein Handlungsauftrag, den die VUCA-Welt an alle Menschen stellt: Es ist eine Aufforderung den eigenen Weg zu suchen, schnell Entscheidungen zu treffen, die Zusammenhänge besser zu verstehen und die Komplexität des Lebens besser zu bewältigen. Dazu gehört auch emphatisches Verhalten zu entwickeln. Diese Mischung aus Kompetenz und Emotion ist eine in der Unternehmenswelt völlig neue Entwicklung (und sie ist noch längst nicht abgeschlossen) [2].

Beziehungsfähigkeit und das Zugehen auf andere Menschen ist ein Erfolgsfaktor geworden. Es ist mehr als die im Bewerbungsschreiben lapidar genannte „Teamfähigkeit". Denn genau die hat bisher dazu geführt, dass Andersdenken eher nicht teamfähig war. Ein Mensch, der ins Team passt, ist immer auch angepasst – denn die Auswahl treffen ja Menschen, die schon in diesem Team sind und ein vergleichsweise ähnliches Mindset haben. Je nach „Alter" dieses Teams (und hier ist explizit die Dauer des Zusammenarbeitens und nicht das Lebensalter der Teammitglieder gemeint) ist die Innovationskraft eher gering. Wenn Unternehmen in dieser Zeit des rasanten Wandels bestehen wollen, dann müssen sie die Bedürfnisse der Menschen erkennen – und zwar jedes einzelnen Menschen. Das ist herausfordernd, denn es bedeutet, sich mit Menschen auseinanderzusetzen. Es gilt die Stärken herauszufiltern, die man selbst eben nicht hat. Nur so wird Diversität und Vielseitigkeit erzeugt. Das wiederum sind entscheidende Wettbewerbsfaktoren der VUCA-Welt.

Es ist noch auf einer zweiten Ebene herausfordernd: es bedeutet, sich selbst zu kennen mit seinen Wesensmerkmalen, Stärke und Schwächen. Neues Zusammenarbeiten startet also bei jedem Menschen selbst. Der „Cultural Fit" von Menschen und Unternehmen bezieht jeden Mitarbeitenden ein.

4.4   Stärken, die die VUCA-Welt braucht

Salopp wird oft gesagt, VUCA braucht einen ganz anderen Typ Mitarbeiter. Jemanden, die oder der selbstständig arbeiten kann, der professionell arbeitet und verantwortungsvoll mit den Ressourcen im Betrieb umgeht. Der zuerst an die Menschen denkt und dann erst an den Erfolg oder Gewinn (der sich dann – so die heren Vorstellungen) ganz automatisch einstellt. Ganz so einfach ist es natürlich nicht und vor allem ist es kein Schalter, den Unternehmen umlegen. Von „Dienst nach Vorschrift" hin zu „Tränen am Arbeitsplatz" ist es ein weiter Weg – und einer, den auch nicht jeder gleich gehen kann und will [3].

Zeigen Mitarbeiter Gefühle und engagieren sie sich emotional für ein Thema, erachten Gesprächspartner das als unangemessen oder als Schwäche. Mitarbeiter werden oft mundtot gemacht – mit Aussagen wie: „Nun lassen Sie uns mal sachlich bleiben" oder: „Malen Sie nicht gleich den Teufel an die Wand". Die Gefühle dienen als Legitimation, sich nicht ernsthaft mit dem Anliegen zu befassen. Menschen sind aber eben keine Ressource. In einer Welt, die auch neben dem Job täglich herausfordert, verunsichert und stresst erst recht nicht mehr. Führungskräfte wie Kollegen müssen daher in der Lage sein, Gefühle zu erkennen, richtig zu bewerten und angemessen auf sie zu reagieren. Sie brauchen ein feines Gespür, um Fehleinschätzungen und -entscheidungen zu vermeiden.

Klar ist: ein Wirtschaften, das sich an der Nutzenoptimierung statt einer Gewinnoptimierung orientiert, ist heute gefragter denn je. Schließlich ist alles, was mit Wirtschaft zu tun hat, eine Sache der Beziehungspflege unter Menschen. Ressourcen sind endlich, Klimaschutz und Gesundheit sind für die meisten Menschen mindestens genauso wichtig wie finanzielle Sicherheit. Das Wertesystem hat sich verschoben. Während früher der sichere Job Grundlage der Existenz war, ist es heute Vereinbarkeit. Dazu gehören mentale und körperliche Fitness, leben im Einklang mit der Umwelt, Beziehung zu Familie und Freunden und... ja irgendwann auch der Job. Und dort braucht es sensible, emphatische Menschen für die Wirtschaft von morgen. Biegen und Brechen, Über- und Unterstellung, die 60-h Woche haben ausgedient – zumindest geht in vielen Branchen ein ganz starker Trend dorthin.

Diese Sensibilität für die Bedürfnisse anderer Menschen kann ein Hochsensibler mitbringen. Der Mensch als Gruppe und soziales Wesen braucht nämlich beides zum Überleben: Gruppenmitglieder, die sich gegenüber anderen Gruppen behaupten können und wiederum welche, die das große Ganze verstehen und für einen sozialen und wertschätzenden Umgang untereinander sorgen können.

4.5   Empathie und Sensibilität sind die Kompetenzen der VUCA-Welt

Um mit Menschen zu arbeiten und für diese eine passende Leistung zu erbringen, muss man sich also mit Menschen beschäftigen. Man muss sie als vollwertige Person schätzen und auf sie eingehen können, sich in deren Lebenswelten einfühlen und sie aktiv in alle Geschäftsprozesse einbeziehen. Das hat immer auch im Hinterkopf sie in ihrer Andersartigkeit zu begreifen und zu akzeptieren. Starre Jobbeschreibungen, Stellenprofile und tradierte Ausbildungsmodelle sowie das (dauerhafte) Zuweisen eines Arbeitsplatzes ohne für eine respektvolle Unternehmenskultur zu sorgen sind nicht menschenzentriert.

VUCA tickt anders. VUCA selbst ist hochsensibel. VUCA braucht Menschen, die für Menschen und mit Menschen arbeiten und darin einen Sinn sehen. VUCA verlangt nach Diversität und Weltoffenheit. Was dazu gut passt, ist das Konzept der emotionalen Intelligenz – es ist zwar nicht per se gesagt, dass hochsensible Menschen emotional intelligenter sind, aber eine höhere Sensibilität macht zunächst einmal aufmerksamer. Aufmerksamkeit ist die Grundlage jedes Lernens.

Von sich selbst zu behaupten, man sei emotional intelligent, grenzt an Selbstüberschätzung, hört sich arrogant an, ist zunächst nicht greifbar. Woran lässt sich trotzdem festmachen, dass dies einen Teil des Unternehmenserfolgs in einer volatilen Arbeitswelt ausmacht?

„Emotionale Intelligenz ist der Prozess, der uns in die Lage versetzt, mit Selbstakzeptanz, Klarheit und Aufgeschlossenheit durch die Höhen und Tiefen des Lebens zu navigieren" (Dr. Susan David) [4].

Die fünf Grundsäulen der emotionalen Intelligenz sind klar benannt. In verkürzter Form besagen sie:

- Selbstwahrnehmung – ich kann meine eigenen Emotionen wahrnehmen
- Selbstregulierung – ich kann meine eigenen Emotionen steuern
- Empathie – ich kann die Emotionen anderer Menschen wahrnehmen

- Soziale Kompetenz – ich kann die Emotionen anderer Menschen einordnen und bewerten
- Motivation – ich kann aus meinen und anderen Emotionen Erfolgserlebnisse schaffen

Kommunikationsfähigkeit als verbindendendes Tool verstärkt die Wirkungszusammenhänge und ist unerlässlich für den gemeinsamen Erfolg von Menschen, Kollegen und Teams. Dabei ist emotionale Intelligenz keine Gabe, die man hat oder nicht – die einzelnen Komponenten sind durchaus erlernbar. Aber ein Temperament, eine Veranlagung für sich selbst und für andere fördert emotional intelligentes Verhalten.

4.6   Stress in der VUCA-Welt

VUCA wird gerne als Erklärung genutzt, warum Menschen im Job immer größerem und langanhaltenderem Stress ausgeliefert sind. Es gibt zwei maßgebliche Gründe, warum VUCA Stress auslöst oder ihm zumindest guten Nährboden bietet:

1. Stress durch Unsicherheit
Erstens widersprechen die vier Aspekte in ihrer Bezeichnung dem menschlichen Grundbedürfnis nach Ordnung und Stabilität. Das Verlangen nach Sicherheit kann in der VUCA-Welt nicht erfüllt werden und das löst permanente Stressreaktionen aus. Aus evolutionsbiologischer Sicht leuchtet dieser Fakt noch mehr ein. Man ist ständig auf der Flucht vor dem unbekannten Gegner. Dass aber Stress für den Körper als Kurzzeit-Notfallsystem gedacht ist, passt nicht zu der Nachhaltigkeit, mit der Transformation und Veränderung passiert.

Auch hier ist Covid ein gutes Beispiel: den ersten Lockdown hat man noch in einer Mischung aus Schockstarre und Nervenkitzel verbracht. Es wurde Toilettenpapier gehortet, zuhause gespielt, mit Freunden virtuelle gechattet und beim örtlichen Restaurant bestellt. Mit zunehmender Dauer des Ausnahmezustands löst dieser bedrohlichen Stress aus: Stress durch möglichen Jobverlust, durch Vereinsamung, durch Kinder, die zunehmend auffällig werden, durch Gesundheits-beschwerden. Veränderung verursacht Stress. Je länger die Phase des Wandels andauert, desto eher spürt man ihn und er bekommt einen negativen Touch. Verstärkend wirkt, dass der ausgleichende Gegen-pol fehlt. Eine Pandemie ist weltumspannend – also sind auch die Stressoren weltumspannend. Man kann nicht mehr flüchten.

2. Stress durch dysfunktionale Adaptation

Die heutige Arbeitswelt verlangt Anpassung im Akkord. Adaptabili-tät ist ein wichtiges Stichwort und Bestandteil der Resilienz. Krisen bewältigt nur, wer sich verändert, wer sich also weiter bewegt, während andere erstarrt zurückbleiben. Solche Prozesse sollten eigentlich aus uns selbst heraus passieren, aktiv getriggert und intrinsisch motiviert. Die VUCA-Aspekte zwingen jedoch zur Anpassung und dieser Zwang löst Stress aus. Sich aus einem gestressten Zustand heraus anzupassen, kostet deutlich mehr Kraft als wenn man etwas mit Spaß und Freude tut. Eine derartige dysfunktionale Adaptation, weil die Anpassung zusätzlich unter Druck setzt. Mit einem Gefühl von Unsicherheit, Angst oder gar einer abwartenden Haltung können Menschen ihre Kompetenzen nicht sinnstiftend und zielfördernd einsetzen und die Anpassung misslingt.

Exkurs

Was ist der Adaptabilitätsquotient? Den IQ als Intelligenzquotient kennt man insbesondere im Zusammenhang mit Hochbegabung. Der EQ als Abkürzung für die emotionale Intelligenz wurde ebenfalls thematisiert; er gilt als „Soft Skill" für eine gelingende zwischenmenschliche Interaktion als essenziell. Im letzten Jahrzehnt ist mit der Adaptabilität schließlich ein dritter Faktor für beruflichen und privaten Erfolg hinzugekommen. Damit verdient sich der AQ neben IQ und EQ nicht nur einen wichtigen Platz in der Reihe der menschlichen Intelligenzen, er wird sogar als innovativer Erfolgsfaktor eingeschätzt [5].

Gegen beide Stressoren, Unsicherheit und Dysfunktion in der Adaption, hilft ein Perspektivwechsel. Jeder der vier VUCA-Aspekte bietet die Chance auf Weiterentwicklung und Wachstum. Es geht darum, VUCA als Kompetenz wertzuschätzen und so zu nutzen, dass sich Stress verringert.

In der *Volatilität* steckt die Kompetenz zur Veränderung und damit auch zur Verbesserung. Es ist die interne Neuerfindungskompetenz eines Unternehmens. In einer volatilen Welt stecken eben auch Freiheit und Abwechslungsreichtum. Für Menschen, die sich ausgegrenzt oder einem System nicht zugehörig fühlen, bietet das enorme Chancen: Ihre bisher als Schwächen abgestempelten Verhaltensweisen können neue Stärken werden, sie können ganz neu sichtbar werden und auftreten. Die Antennen hochsensibler Menschen sind quasi der VUCA-Seismograph innovativer Unternehmen. Und der Scanner hat die neuen Projekte schon im Visier – er muss sie ja nur anstoßen und nicht alleine umsetzen.

Dafür brauchen Unternehmen die unbedingte Akzeptanz, dass Veränderungen „normal" sind ebenso wie „Andersartigkeit". Außerdem helfen ein gesunder Optimismus, eine klare Ziel- und Lösungsorientierung und ein Growth Mindset dabei, Veränderungen aktiv zu begegnen (was dysfunktionalem Stress zuvorkommt) und eine offensive Fehlerkultur zu etablieren.

Während es auf der einen Seite also darum geht, flexibel und offen zu sein und dies durch eine diverse Teamaufstellung zu manifestieren, muss das Unternehmen als Organisation Sicherheit bieten. Menschen können ihre kreativen Besonderheiten dort gut ausspielen, wo sie sich willkommen fühlen. Sicherheit bedeutet dabei nicht unbedingt materielle Sicherheit oder Vertragssicherheit. Es bedeutet Stabilität und Akzeptanz im Umfeld. Sicherheit für hochsensible und vielseitige Menschen beweist sich in einer transparenten, wertschätzenden und auf Verstehen basierenden Kommunikation.

Folgt die *Unsicherheit,* die man als Mangel an Berechenbarkeit, aber eben auch als Wahlfreiheit oder als Chance zur Neugier verstehen kann. Letzteres löst automatisch weniger Stress aus. Risiken einzugehen und ergebnisoffen zu bleiben, sind für Unternehmen wichtige Kompetenzen im Angesicht von Disruption. Diese Chance zur Neugier liegt allen beschriebenen Wesensmerkmalen im Blut – der Introvertierte tüftelt vor sich hin und präsentiert einen perfekten neuen Prozess, der Hochbegabte weiß vielleicht noch einen besonderen Kniff, der Scanner drei

Abwandlungen und der Hochsensible kann die Veränderungen im Team passend kommunizieren. Unsicherheit führt dazu, dass bekannte Mechanismen nicht mehr funktionieren – es darf mutig machen, Neues zu testen. Auch hier ist die Stabilität im Team, genau innerhalb dieses gesteckten Rahmens frei agieren zu dürfen, das ausbalancierende Element, die sichere Leitplanke.

In der *Komplexität* von Herausforderungen und Projekten liegt die Vielfalt. Der Scanner jubelt innerlich. Dinge aus verschiedenen Perspektiven zu betrachten und ein breites Spektrum zu erfassen – das passt genau zu seinem Beuteschema im Job. Vielseitigkeit bedeutet gleichzeitig, dass mehrere Lösungswege zum Ziel führen, was es Komplexität auch zu einer Kompetenz der Defokussierung macht. Eine komplexe Welt bedeutet eine Welt voller Optionen und Varianten. So schnell wird eine Schwäche zur Stärke! Den Hochsensiblen mag die Komplexität auf den ersten Blick erschrecken, aber eine gute Organisationsstruktur ermöglich das Herunterbrechen der Gesamtheit auf Teilprojekte. Zu wissen, dass die Welt komplex ist, bedeutet auch aktiv gegensteuern zu können. Zu wissen, dass nicht jeder Mensch gleich ist, bedeutet auch für unterschiedliche Herausforderungen gewappnet zu sein. Jede Komplexität lässt sich beliebig zerlegen und neu zusammensetzen. Wenn Veränderung als Mechanismus ineinandergreifender Zahnräder verstanden wird, dann finden Menschen dort ganz unterschiedliche Ansatzpunkte sich in das System einzubringen. Der Hochbegabte behält den Überblick und vermutlich wird er dabei sehr gut unterstützt von dem introvertierten Kollegen.

Durch *Ambiguität* als vierte Ausprägung von VUCA werden Kreativität, Innovation und Neuausrichtungen gefördert. Die Vielseitigkeit und Mehrdeutigkeit von Sachverhalten ermöglicht es neue Perspektiven einzunehmen und mit anderen Sichtweisen auf Herausforderungen zu schauen. Da Ambiguität Mehrdeutigkeit bedeutet, haben Menschen mit einer geringen Ambiguitätstoleranz eine geringe Akzeptanz für Mehrdeutigkeit. Im Volksmund wird eine solche Einstellung oft als „Schwarz-Weiß-Denken" bezeichnet. Die zuvor beschriebenen Charaktere weisen im Allgemeinen eine hohe Ambiguitätstoleranz auf. Natürlich sei auch hier darauf hingewiesen, dass Pauschalierungen jeglicher Art nur der Herausarbeitung des Ergebnisses dienen. Sie passen exakt nicht zu einem Menschenbild, dass auf Individualität und Akzeptanz von Andersartigkeit bedacht ist. Aber sie helfen beim Verstehen neuer Ideen.

Ambiguität begegnet uns ständig im Alltag. In der Regel mag man an Mitmenschen manche Eigenschaften und kann manche gar nicht ertragen. Darum heißt es aber noch lange nicht „ich mag dich" oder „ich mag dich nicht". In genau solch einer Situation, in der Sie Dinge, Personen oder Sachverhalte nicht eindeutig zuordnen oder kategorisieren können, ist man mit Ambiguität konfrontiert. Menschen mit einer hohen Ambiguitätstoleranz können damit in der Regel souverän umgehen, während diejenigen mit niedriger Ambiguitätstoleranz (psychisch) mit der Situation zu kämpfen haben.

Literatur

1. Hauzenberger, Simon. Die VUCA-Welt: Nichts ist so beständig wie der Wandel. https://www.pinkuniversity.de/blog/die-vuca-welt-nichts-ist-so-bestaendig-wie-der-wandel. Zugegriffen: 1. Jan. 2022.
2. Wohofsky, Angelika. 2021. VUCA Welt braucht Empathen – Wie Sie mit Gefühlen erfolgreich werden. https://www.wohofsky.at/vuca-welt-braucht-empathen-wie-sie-mit-gefuehlen-erfolgreich-werden/. Zugegriffen: 1. Jan. 2022.
3. Kern, Sylvia. 2021. Der Wandel ist DA und wo sind wir?. In *Future Skill Vielseitigkeit. Fit for Future*. Wiesbaden: Springer Gabler.
4. Goleman, David. 1997. *EQ. Emotionale Intelligenz*. München: dtv Taschenbücher.
5. Mauritz, Sebastian. Der Adaptabilitätsquotient (AQ) – der Erfolgsfaktor. https://www.resilienz-akademie.com/adaptabilitaetsquotient/. Zugegriffen: 2. Jan. 2022.

5

Fachbeiträge aus der Praxis

Im Folgenden kommen Menschen zu Wort, die sich selbst als hochsensible oder als „anders" bezeichnen. Menschen, die an sich selbst Wesensmerkmale festgestellt haben, durch die sie sich vermeintlich normalen Zusammenhängen weniger zugehörig fühlen. Oder die besondere Leistungen erbracht haben. Es geht nicht darum zu beschreiben, inwiefern Charakterzüge richtig oder falsch, früh oder spät diagnostiziert wurden, sondern darum, wie diese Menschen ticken und sich fühlen. Sie haben alle Erfahrungen gesammelt, die im Alltag helfen können. In einer Welt, in der zunehmend Veränderung determiniert und nicht Sicherheit. Sie haben auf die eine oder andere Weise Wege gefunden und Skills entwickelt ihre „Andersartigkeit" gewinnbringend zu nutzen – mal mehr und mal weniger. Sie haben Veränderungen als Chance begriffen. Das ist ein Prozess und kein Zustand. Es geht um kontinuierliche Arbeit an der eigenen Persönlichkeit und die Kommunikation mit einem Umfeld, das erst sukzessive und langsamer begreift, was Wandel bedeutet.

T. Schröder, *Hochsensibilität – Jobchance oder Karrierekiller in der VUCA-Welt*, https://doi.org/10.1007/978-3-658-37987-2_5

5.1   Hochsensibilität im Business

Torsten-Roman Jacke

Über mich
Mein Name ist Torsten-Roman Jacke, genannt troja, verheiratet und, obwohl dort nicht geboren, heute Bielefelder durch und durch.
Mein beruflicher Werdegang begann mit der Ausbildung zum Versicherungskaufmann und führte über die Selbstständigkeit als Versicherungsmakler und Handelsvertreter 2013 in die Beratungsbranche, um Unternehmen und Start-ups in den Bereichen Vertrieb und Marketing zu begleiten. Seit 2015 beschäftige ich mich intensiv mit den Themen Hochsensitivität und Vielbegabung, welche meinen heutigen Berufsmittelpunkt bilden. Als Potenzialgefährte begleite ich hochsensitive und vielbegabte Menschen und entdecke mit ihnen ihre Talente und Potenziale. Als Organisations-Counselor auf Zeit bringe ich Unternehmen mit gleichnamigem Konzept das Thema Hochsensitivität und Vielbegabung näher. Ich bin zudem Speaker, Buch-Co-Autor, Freigeist, Musterbrecher, Non-Konformist, Generalist, Brückenbauer und Unternehmens-Seismograph.
Es folgt ein launiger Ausflug in die Welt der Vielbegabung und meinen beruflichen Erfahrungen mit dieser speziellen Ausprägung der Hochsensitivität.

Einleitung: Hochsensibilität? Hochsensitivität? Und/oder Vielbegabung?
Das Phänomen Vielbegabung hätte in der Gesellschaft sicher schon mehr Beachtung gefunden und heute eine höhere Akzeptanz und größeren Stellenwert, wenn

a. das jeweilige private und berufliche Umfeld, sowie Außenstehenden, uns „Betroffene" nicht mit Ressentiments bombardieren würden,
b. wir uns nicht ständig selbst im Weg stehen würden und
c. die Wissenschaft die Komplexität des Themas mit wissenschaftlichen Tests belegbar und verständlich in Gänze aufschlüsseln könnte.

Außenstehende sowie das jeweilige private und berufliche Umfeld nehmen Vielbegabte als unausgeglichen, unfokussiert, unsicher, entscheidungsunfreudig, rastlos, unruhig, suchend, ungeduldig, unstet, sprunghaft, chaotisch und/oder orientierungslos wahr.

Außerdem werden Vielbegabte nicht selten unterschätzt und gerne mal als Verrückte, Spinner, Exzentriker oder Rebellen bezeichnet.

Wir Vielbegabte können das nur unterschreiben, denn wir nehmen es genauso wahr. Mehr noch.

Wir neigen zu Schuldgefühlen, nichts alleine zu schaffen, Selbstzweifel, Selbstkritik, dem Hochstapler-Syndrom (Impostor-Syndrom) und manchmal auch Weltschmerz. Viele Vielbegabte befinden sich ständig in Veränderungsprozessen und fühlen sich oft unverstanden und ungehört. Dabei stoßen sie häufig an ihre eigenen Grenzen, auch weil sie Autoritäten und Hierarchien, Standards, Normen und Konventionen hinterfragen und diese nur schwer respektieren bzw. akzeptieren können. Das führt wiederum dazu, dass sie besonders im beruflichen Kontext als unbequem und anstrengend empfunden werden und als Underperformer gelten.

Dies alles durfte ich sowohl in meiner Ausbildung, den jeweiligen Anstellungen und selbst als Freelancer in Projekten erleben.

Für vielbegabte Menschen, dies gilt ebenfalls für hochsensitive Menschen, ist es häufig schwierig, mit ihrer Andersartigkeit umzugehen. Ganz besonders dann, wenn sie die Auswirkungen auf vielen unterschiedlichen (Gefühls-)Ebenen zwar permanent spüren, diese aber nicht zuordnen können.

Ich wusste schon sehr früh, dass ich anders bin und ticke, doch erst im Alter von 46 erfuhr ich von meiner Hochsensitivität und kurze Zeit später, dass ich vielbegabt bin. Dabei überwiegt bei mir die Vielbegabung, gefolgt von Hochsensitivität – das Wahrnehmen von Schwingungen und Stimmungen – und die Extrovertiertheit. Das ist jedoch nicht alles. Je nach Situation und Tagesform können auch Introvertiertheit und Hochsensibilität – Reizüberflutungen, z. B. durch Licht und Geräusche – bestimmend sein und die Übergänge sind dabei fließend.

Klingt ganz schön kompliziert und ist es auch. Für die „Betroffenen" allemal.

Umso erstaunlicher ist es, dass seit einiger Zeit dieser Themen-komplex ein wenig mehr Aufmerksamkeit erfährt. Vor allem, dass es im Zusammenhang mit der neuen Arbeitswelt, neudeutsch VUCA-Welt und verschiedenen Buzzword-Bullshit-Bingo-Begriffen, wie War for talent, Disruption, Transformation, Agilität, aber auch HR und Recruitment, diskutiert wird. Weshalb nur?

Kommen wir nun zum viel wichtigeren und interessanteren Teil dieses Abschnittsa
So ein Befreiungsschlag, wie bei mir im Sommer 2015, indem ich auf meine Hochsensitivität und Vielbegabung aufmerksam gemacht wurde, sollte allen Hoffnung machen, dass es auch anders geht. In den darauffolgenden Wochen lernte ich, auch mit der Unter-stützung einer Coachin, viel über mich selbst und konnte meine bis dahin als Unzulänglichkeiten erachteten Begabungen und Fähigkeiten akzeptieren. Es war wie ein verborgener Schatz, der gehoben wurde und positive Energien für mich und mein Umfeld freisetzte. Dafür bin ich sehr dankbar.

Der für mich wichtigste Punkt dabei war und ist, dass es nicht falsch ist, anders zu sein!

Ich möchte nicht verschweigen, dass so ein Befreiungsschlag keine Garantie dafür ist, dass das Leben dann völlig unbeschwert, ohne Schwankungen und einfach glücklich verläuft. Ich befinde mich auch heute in einem immerwährenden Prozess der Selbstannahme. Selbst-zweifel und Selbstkritik keimen immer wieder auf und ich stoße häufig an meine Grenzen und die der anderen. Es hilft jedoch ungemein bei der Aufarbeitung des bisherigen Lebens und bei der Selbstannahme.

Dabei sind es die vielen positiven Eigenschaften, Begabungen und Fähigkeiten, die hochsensitive und vielbegabte Menschen ausmachen und im unternehmerischen Kontext eine wesentliche Rolle spielen können. Hier ein kleiner Auszug in Bezug auf Vielbegabung:

- Ausgeprägte Neugierde, Fantasie und Kreativität,
- hohe Begeisterungsfähigkeit, sehr vielfältigen Interessen und Flexibilität,
- Ausgeprägtes intuitives und multiperspektivischem Denken,

- Schnelles Erkennen und Analysieren von Situationen, Stimmungen und Zusammenhängen inklusive schneller Lösungen,
- Psychosoziale Feinwahrnehmung – Befindlichkeiten, Stimmungen und Emotionen anderer Menschen werden leichter und detaillierter erkannt.
- Intensives, vielschichtiges und gleichzeitiges Empfinden, Erleben und Wahrnehmen von Situationen bei hoher Verarbeitungs- und Verknüpfungsdichte, was unter Umständen neue Wahrnehmungsbereiche, ungewöhnliche Zusammenhänge oder Sichtweisen erschließen kann und schnellere und unkonventionellere Lösungsfindungen ermöglicht.
- Gewissenhaftigkeit, Verantwortungsbewusstsein, welches mit dem Wunsch nach eigenen Aufgabenfelder beim Arbeiten einhergeht.
- Ausgeprägter Gerechtigkeitssinn, starke Werteorientierung.
- Erbrachte Arbeit entspricht nicht selten dem Pensum von zwei oder drei Kolleg:innen.
- …

… und vor allem bei hochsensitiven Menschen die ausgeprägte Intuition, Empathie und emotionale Intelligenz.

Da sind sie ja, die von Manager:innen und Führungskräften bei ihren Teammitgliedern und Bewerber:innen so erhofften, ersehnten, gewünschten und geforderten Future Skills. Obwohl diese Skills in der VUCA-Welt so dringend benötigt werden, scheuen sich Manager:innen und Führungskräfte vor uns Vielbegabten, wie der Teufel das Weihwasser. Woran liegt das? Meine Erfahrungen zeigen, dass Manager:innen und Führungskräfte Musterbrecher:innen auch deshalb als unbequem und anstrengend empfinden, weil sich durch die schnelle Denkweise und den multiperspektivischen Gedankengängen überfordert fühlen und diesen nicht folgen können. Vielleicht hat sich auch herumgesprochen, das Vielbegabung oft mit Hochbegabung in Verbindung gebracht wird.

Die hochsensitiven und vielbegabten Menschen, die um ihre speziellen Persönlichkeitsmerkmale wissen, stehen schon bereit und scharren mit den Hufen, um ihre vielfältigen und wichtigen Talente und Potenziale in den Unternehmen einsetzen zu können.

Die große Frage lautet nun: Sind die Unternehmen ebenfalls bereit?

Musterbrecher und Freigeister (Querdenker) sind gefragt – wirklich?
Achtung, liebe Leserinnen und Leser, ab jetzt wird Ihr Leserhythmus durch neue Begriffe gestört. Vielbegabte Menschen werden aufgrund ihrer Persönlichkeitsmerkmale auch als Querdenker:innen (im positiven Sinn), Musterbrecher:innen und Freigeister bezeichnet.
Im folgenden dominiert Musterbrecher:in.

Viva la Revolucion!
Musterbrecher:innen sind, wenn wir den lauten Rufen der Unternehmensmanager*innen Glauben schenken dürfen, gefragt wie nie. Diese Rufe nehmen mit jedem Jahr und jeder neuen Herausforderung an Intensität zu.

Viva la Revolucion? Wirklich?
Tatsächlich gibt es Unternehmen, die nicht nur laut rufen, sondern Taten folgen lassen, mutig sind und handeln. Sie holen sich bewusst Musterbrecher:innen in ihre Organisation, weil sie der festen Überzeugung sind, dass die aktuellen und zukünftigen Herausforderungen in einer VUCA-Welt nur mit Menschen bewältigen können, die

- den Blick von außen und im weiteren Verlauf über den Tellerrand mitbringen.
- Die Organisation in ihrer Gesamtheit sehen und durch ihre o. g. Fähigkeiten neue Perspektiven, Kreativität, Ideen, Innovationen und unkonventionelle Lösungen ermöglichen.
- Gezielt die Finger in die Unternehmenswunden legen, deutlich auf (mögliche) Schwachstellen aufmerksam machen, auch wenn es weh tut.
- Frühzeitig Veränderung in der Businesswelt wahrnehmen und mit ungewöhnlichen Maßnahmen gegensteuern können.
- Wichtige und vor allem unbequeme Fragen stellen.
- Generalistisch, visionär und vernetzend denken und handeln.
- …

Diese Unternehmen sehen Musterbrecher:innen als Bereicherung und nicht als Belastungen, möchten diese auch nicht mehr missen, sind glücklich mit ihrer Entscheidung pro Musterbrecher:in und gelten als „**Leuchttürme**" in der Unternehmenslandschaft. Leider sind sie rar gesät.

Die überwiegende Mehrheit der Unternehmen reagiert auf Musterbrecher*innen ganz anders, geradezu allergisch. Ich führe die folgenden zwei Unternehmenstypen unter dem Motto: „Wasch mich, aber mach mich nicht nass!"

Da gibt zum einen die „**Bewahrer**". Bei diesen Unternehmen höre ich immer wieder die Sätze: „Das haben wir schon immer so gemacht.", „Das funktioniert bei uns und in unserer Branche nicht.", „Es läuft doch." und „Das kommt für uns mindestens zwei Jahre zu früh. Wir sind noch nicht soweit." Der mühsam erarbeitet Status quo und die damit verbundenen Pfründe, zumindest für die Manage:innen, lassen Veränderungen nicht zu. Man hat es sich gemütlich gemacht, weil

- vielleicht die finanziellen Schmerzen – Umsatz und Gewinn – noch nicht vorhanden sind.
- Sich die Schockstarre aufgrund der sich rasanten Veränderungen einfach nicht auflösen lässt.
- Kräfte das Unternehmen führen, deren Halbwertzeit abgelaufen sind, sich aber niemand traut, dies öffentlich zu sagen. Möglicherweise aufgrund vergangener Verdienste um das Unternehmen.
- …

Hier haben Musterbrecher:innen keine Chance, da sie aufgrund ihrer Vita und ihres selbstbewussten Auftretens bereits im Bewerbungsprozess durchs Raster fallen. Sollten sie es wider Erwarten doch ins Unternehmen schaffen und das tun, wofür sie geholt wurden, werden sie zeitnah zur Persona non Grata erklärt oder nehmen von sich aus schnell Reißaus.

Dies gilt übrigens auch für die Unternehmen, die ich als **Human Green Washer** bezeichne.

Es sind rührige Unternehmen, die sich nach außen hin gerne modern und cool geben. Für sie sind die Begriffe aus dem Buzzword-Bullshit-Bingo – sie wissen schon: War for talent, Transformation, Digitalisierung, Disruption, Agilität, New Work, … – eine willkommene Abwechslung vom Alltag. Sie sind offen für Neues, probieren viele Dinge, manchmal auch zu Lasten der Mitarbeitenden, aus und wollen immer Uptodate sein.

Im Umgang mit Musterbrecher:innen unterscheiden sie sich zu den Bewahrern mit folgenden Lippenbekenntnissen:

- Ja, wir wollen Musterbrecher:innen und stellen sie auch ein. Krumme Lebensläufe sind doch sehr erfrischend und belebend.
- Wir präsentieren Musterbrecher:innen auch gerne der Öffentlichkeit, weil sich das im Employer Branding gut macht.
- Wir lassen sie erstmal machen, denn wohldosierten Trouble werden wir wohl überleben.

Spätestens, wenn Musterbrecher:innen ans Eingemachte gehen, reagieren Human Green Washer-Unternehmen genauso wie die Bewahrer:

- Wenn es zu wild wird, dann schreiten wir rigoros ein.
- Bitte nicht am Status quo des Unternehmens rütteln.
- Die vorhandenen Standards, Normen, Konventionen und Konformitäten dürfen nicht angetastet werden. Sie sind super, also nicht durcheinanderbringen und niemanden aufscheuchen.
- Nicht mit den Fingern in den vorhandenen Wunden bohren.
- Entschuldigung liebe Musterbrecher:innen und Freigeister, ihr seid uns einfach zu unbequem und anstrengend, aber angepasste Musterbrecher:innen sind toll.
- Und überhaupt, lassen Sie bitte alles so wie es ist. Danke.

Bewahrer wie Human Green Washer möchten die Veränderungen tendenziell aus dem bestehenden System und den vorhandenen Kräften heraus verändern. Dabei entsteht nur eine neue Variante des Alten und hält das bestehende System am Leben. Dabei übersehen sie bewusst oder unbewusst, dass wir uns in einem „Arbeitnehmermarkt" – der Begriff ist verwirrend (siehe nächstes Kapitel) – bewegen und lassen auch völlig außer Acht, dass wir uns in Deutschland, ähnlich wie in Amerika, auf eine „Great Resignation" zubewegen.

Als Freelancer durfte ich jedoch schon das ein oder andere Unternehmen kennenlernen, die klar den Leuchttürmen zuzuordnen ist. Das macht Hoffnung für die Zukunft. Den anderen möchte ich zurufen: Dann schwimmt doch einfach weiter in eurer Unternehmens-Ursuppe, aber jammert nachher nicht, dass euer Unternehmen Auf Nimmerwiedersehen im Nirwana verschwunden ist.

Geht es auch anders? Sicher!

Wie lässt man „Anderssein" zu?

Meines Erachtens liegen die Vorteile für ein Engagement von hochsensitiven und vielbegabten Musterbrecher:innen, ob im Anstellungsverhältnis oder als Freelancer, auf der Hand.

Davon ausgehend, dass sich die hochsensitiven und vielbegabte Menschen selbst so annehmen und akzeptieren wie sie sind und selbstbewusst ihre Begabung und Fähigkeiten sichtbar machen, braucht es,

- eine grundlegende allgemeine Akzeptanz, dass es Menschen gibt, die anders sind und diese Andersartigkeit genau richtig ist.
- Die Offenheit der Unternehmensmanager:innen, dass nicht alles mit Zahlen, Daten und Fakten belegbar bzw. skalierbar ist.
- Den echten Willen der Unternehmensmanager:innen, sich von Musterbrecher:innen unterstützen zu lassen. Musterbrecher:innen merken sehr schnell, wenn sie als Alibi-Steigbügelhalter herhalten sollen.
- Ein grundsätzliches Umdenken der Manager:innen und Führungskräfte, das nicht sie die Arbeitgeber:innen sind. Diejenigen, die bisher als Arbeitnehmer bezeichnet werden, geben ihre Arbeitszeit und -kraft dem Unternehmen und sind somit die Arbeitgeber.
- Die wichtigen und notwendigen Rahmenbedingungen, die seitens der Unternehmen zur Verfügung gestellt und diese auch nachhaltig beibehalten werden.

Welche konkreten Rahmenbedingungen benötigen Musterbrecher:innen?

Musterbrecher:innen brauchen Freiraum. Zeitlich, räumlich und gestalterisch. Die Aufgaben, die Musterbrecher:innen im Unternehmen übernehmen, sind häufig sowohl physisch als auch psychisch anstrengend. Das kreative Denken ist kognitiv sehr anspruchsvoll und somit eine Fähigkeit höherer Ordnung.

- Vertrauen, Wertschätzung, Zutrauen seitens der Führungskräfte sind elementar.
- Ansprechende Rückzugsräume mit entsprechenden Licht- und Geräuschverhältnissen sehr wichtig.
- Der Anteil der Routineaufgaben sollte auf ein Minimum beschränkt werden.
- Selbstbestimmtes arbeiten, also so frei von Vorgaben, Standards, Normen, Konformität und Uniformität wie möglich, ist ausschlaggebend für den erfolgreichen Einsatz der Musterbrecher:innen.
- Flexible Arbeits- und Auszeiten. Vorgaben wie „9 to 5", „Stempeluhren" oder die Anwesenheitspflicht, sowohl vor Ort als auch remote sind kontraproduktiv und sollten wegfallen. Ideen und Innovationen halten sich weder an Orte noch an Tageszeiten. Musterbrecher:innen schaffen in kurzer Zeit sehr viel und es geschieht nicht selten, dass wenn Musterbrecher:innen das Unternehmen verlassen, sie durch 2 neue Mitarbeitenden ersetzt werden.
- …

Werden die Rahmenbedingungen vom Unternehmen bereitgestellt, dann „sprühen" vielbegabte Musterbrecher:innen geradezu vor Ideen, Innovationen, Kreativität, Lösungsansätzen, … inspirieren ihr Umfeld und sind nicht mehr zu halten. Zum Wohle aller.

Ich sehe Musterbrecher:innen an verschiedenen Stellen in den Unternehmen. Im besten Fall nehmen sie eine vollständig neue und freie Rolle im Unternehmen ein. Doch auch in den Bereichen HR/ Recruitment, Talent- oder Ideen- und Innovationsmanagement sind ihre Begabungen und Fähigkeiten gefragt. Einfach mal darauf herumdenken. Es lohnt sich.

Wäre die Selbstständigkeit ein gutes „Ventil" für Vielbegabte?
Wenn Unternehmen die o. g. Rahmenbedingungen schaffen und nachhaltig bereitstellen, steht vielbegabten Musterbrecher:innen einer erfolgreichen Karriere im Angestelltenverhältnis nichts im Wege. Die Leuchtturm-Unternehmen machen es ja bereits erfolgreich vor. Vielbegabte mit einem hohen Sicherheitsbedürfnis sollten nach Leuchtturm-Unternehmen Ausschau halten und dorthin wechseln, wenn das derzeitige Unternehmen zu den Bewahrer- und Human Green Washer-Unternehmen zählt. Ein „Umpolen" dieser Unternehmen mag verlockend klingen, doch Obacht: Es wird ein langer, mühevoller und aufreibender Prozess.

Vielbegabte und hochsensitive Musterbrecher*innen, die um ihre Persönlichkeitsmerkmale sehr genau wissen, mit ihnen gut, selbstbewusst und selbstsicher umgehen können, ein geringes Sicherheitsbedürfnis haben und risikofreudig sind, kann die Selbstständigkeit der richtige Weg sein. Ein paar Hinweise für die Selbstständigkeit:

- Die Tätigkeiten sollten euren Begabungen und Fähigkeiten entsprechen.
- Es gibt Menschen, die können euren Gedanken und Ideen einfach nicht folgen. Nehmt es so hin.
- Betreibt gute Selbstfürsorge: Gönnt euch immer wieder Auszeiten und reflektiert die aktuelle Situation, ob sie euch guttut.
- Habt immer mindestens einen Plan B, besser noch C, D, E und F in der beruflichen Tasche, um allen Eventualitäten gelassen begegnen zu können.

Was mich betrifft: Ich habe mich, nach zwei kürzeren Ausflügen 2020/2021 in die Anstellung, nun endgültig für die Selbstständigkeit entschieden. Meine Coachin meinte daraufhin nur: „Torsten, das Angestelltendasein ist nichts für dich. Nimm es so an und lass es!" Mach ich. So kann ich nun (wieder) authentisch mein volles Potenzial ausschöpfen und für meine Kund:innen mein ganzes Repertoire an Persönlichkeitsmerkmalen einbringen. Auch wenn ich hin und wieder an meine Grenzen und die der anderen stoße, nehme ich mir die Freiheit, diese Situationen einfach wegzulächeln.

Ganz nach meinem Motto: „Mich muss man wollen, sich leisten und vor allem aushalten können."
Fazit
Es dauert vielleicht noch eine Weile, bis das Thema Hochsensitivität und Vielbegabung in die Führungsetagen der Unternehmen vorgedrungen ist, doch es ist für die „Betroffenen" definitiv eine Jobchance. Besonders in der VUCA-Welt. Wer die unterschiedlichen Persönlichkeitsmerkmale als Karrierekiller bezeichnet, hat die Zeichen der Zeit nicht erkannt.

5.2 Hochsensibilität im Leistungssport

Andrea Henkel

Einführung
Ich bin Andrea Henkel, eine ehemalige Leistungssportlerin. Mit 36 Jahren habe ich meine Biathlonkarriere nach 16 Jahren in der Nationalmannschaft beendet, ich durfte zu vier Olympischen Spielen und an 12 Weltmeisterschaften teilnehmen. Dem ging natürlich eine Zeit im Kinder-, Jugend- und Juniorenfeld voraus.

Aufgewachsen bin ich im Osten Deutschlands, als die Mauer noch stand. Ich hatte einen ganz „normalen" schulischen Werdegang mit der Verpflichtung an einer Arbeitsgemeinschaft teilzunehmen.

Bis zur siebten Klasse war ich im Schulchor, in der ersten und zweiten Klasse habe zusätzlich Gymnastik gemacht. Mit dem Langlauf habe ich ebenfalls in der ersten Klasse begonnen.

Zum Langlauf bin ich durch meine ältere Schwester gekommen, die schon regelmäßig ins Langlauftraining gegangen ist und damit schnell Erfolge erzielen konnte. Über ihrem Bett war ein dekorativer Skistock mit ihren Medaillen und so etwas wollte ich auch haben.

Im Jahr 1988 wurde Damen-Biathlon dann olympisch. Alle Mädchen, die in einem Trainingszentrum trainiert haben, in dem die Jungen Biathlon gemacht haben, wurden damals automatisch Biathletinnen.

Wie wir alle wissen, kam es dann 1989 zum Mauerfall.

Mit 13 Jahren, das war in der 8. Klasse, bin ich schließlich an die Sportschule gekommen. Für mich stellten sich „relativ schnell" Erfolge ein. Es gab Verbesserungen auf vielen Ebenen und nach dem ersten Jahr bin ich sogar in die erste Kaderklasse gekommen und habe mich im Jahr darauf so verbessert, um direkt in die nächsten Kaderklasse aufzusteigen. Das bedeutet zunächst in den Jugendkader und später dann in den Juniorenkader gekommen zu sein.

Mein erstes internationales Rennen bin ich mit 16 Jahren gelaufen, einen Junioren Europacup.

Natürlich gibt es in jeder Karriere neben Hoch- auch Tiefpunkte. Meinen ersten größeren Dämpfer hatte ich mit 19...

Leistungssport & Erfolg als „Ventil?" Was fällt dir dazu ein?
Für mich sollte am Anfang immer der Spaß stehen, wenn man Leistungssport betreibt. Ich bin der festen Überzeugung: „wenn der Spaß da ist, dann kann auch der Erfolg kommen."

Natürlich sieht man das in der Kindheit noch nicht so! Da machen wir sowieso vor allem die Dinge, die uns Spaß machen und bei denen wir motiviert sind, sie zu machen. Egal ob das dann Fußball, Handball oder eben wie bei mir Biathlon ist.

Ich kann allerdings nicht für Sportler aus weniger westlich entwickelten Ländern sprechen. Kenianische Langstreckenläufer zum Beispiel, die den Leistungssport eventuell nutzen, um ein höheres Ansehen zu erhalten und damit ein anderes Leben führen können, haben eine ganz andere Motivation.

Ich denke, dass Leistungssport für die interessant ist, oder interessant sein sollte, die einen hohen Bewegungsdrang haben. Dann folgt die Ausübung des Sports der physischen Veranlagung. Und dann kann der Sport auch als Ventil genutzt werden.

Darunter kann auch der Drang fallen auf körperlicher oder geistiger Ebene auf einem hohen Niveau etwas Besonderes zu machen oder zu leisten!

Sport ist außerdem etwas, das verbindet; man ist Teil einer Gruppe. Egal ob als Einzelsportler:in, oder Mannschaftssportler:in. Mit Sport hat man Möglichkeiten nicht nur im Leistungssektor, sondern auch im Gesundheitssport oder Breitensport etwas zu für sich zu tun sowie soziale Kontakte aufzubauen und zu pflegen.

Der Mensch hat ja einen natürlichen Bewegungsdrang. Zumindest sollte das in der Regel so sein. Ich finde Sport kann uns helfen, uns besser zu „spüren" und unseren „Ur-Bedürfnissen" nachzukommen.

Wie bist du persönlich mit Misserfolgen umgegangen?
Ich bin sehr unterschiedlich damit umgegangen. Dabei kommt es auf die Situation an. Zu Beginn ist ein Misserfolg immer sehr enttäuschend und damit auch nicht besonders aufbauend. Vor allem dann, wenn ich das Gefühl habe die Leistung nicht abgerufen zu haben, die ich hätte abrufen können. Dabei kam es natürlich auch ein bisschen darauf an, wie wertig dieses Rennen für mich war. Um ein Beispiel zu nennen: Ein Misserfolg bei den deutschen Meisterschaften war vielleicht nicht so schlimm, wie bei den olympischen Spielen. Allerdings wollte ich prinzipiell in jedem Rennen mein Bestes geben, egal auf welchem „Level" der Wettkampf einzuordnen war. Denn ich kann nicht erwarten, dass das Olympische Rennen super wird, wenn das bei der Deutschen Meisterschaft eine Katastrophe war.

Ich denke es ist sehr wichtig, sich von einem Misserfolg nicht zu lange herunter ziehen zu lassen, sondern diesen zu erkennen, zu wissen, wie es dazu gekommen ist, um sich dann wieder aufzurappeln und auch nach vorne zu schauen. Das geht natürlich dann am Besten, wenn die Fähigkeit eine bestimmte Leistung zu bringen grundsätzlich vorhanden ist, man sie also „nur" abrufen muss. Schwieriger oder etwas lang-wieriger wird es, wenn man diese Fähigkeiten erst neu erlangen muss, die zum gewünschten Ergebnis führen sollen. Aber auch dann ist der einzige Weg nach vorn und nicht in Selbstmitleid zu verfallen.

Es gab Situationen, in denen ich diese Fähigkeit nicht abrufen konnte beziehungsweise war ich nicht in der Lage sie so zu bringen, wie ich sie mir erhofft hatte.

Es kann natürlich immens unter Druck setzen, wenn es Dinge sind, die man nicht von heute auf morgen ändern kann. Vor allem wenn es darum geht, ob man den Sport weiter machen kann, oder auf-hören muss. Mit dieser Situation ist es nicht so leicht umzugehen und kann sehr bedrückend sein! Auch wenn man erkennt: „ich muss bis zur nächsten Saison warten, bis die Leistungsfähigkeit wieder auf ein höheres neues Niveau gehoben werden kann."

Denn dazu ist im Biathlon-Sport der Sommer da. Und natürlich das Frühjahr und der Herbst. Das ist die Zeit, in der gearbeitet wird.

Dazu möchte ich gerne ein Beispiel nennen: In der Biathlon-Saison 2011/12 bin ich angetreten und habe festgestellt, dass meine läuferischen Fähigkeiten nicht so waren, wie ich mir das erhofft hatte. In dem Moment galt es natürlich das Beste daraus zu machen, auch wenn ich wusste, dass selbst das Beste unter Umständen nur mit etwas Glück zu den gewünschten Ergebnissen führen wird.

Das sind Momente, da muss man sich durchbeißen. Vor allem aber muss man mit diesem Wissen selbstreflektiert umgehen und versuchen für die nächste Saison entsprechend etwas zu ändern! Selbst wenn es dazu kommen sollte und man ab und zu etwas Glück hat, sodass es gar nicht so dramatisch aussieht.

Aber in dem Moment der Saison heißt es zunächst: „Augen zu und durch …"

Was mir noch zur Frage einfällt: „Misserfolge machen uns auch besser." Im Grunde genommen sind sie sogar manchmal etwas Gutes. Ohne Misserfolge kein Erfolg!

Nach meinem Olympia-Sieg 2002 hatte ich zwei schlechte Jahre. Diese haben mich gelehrt, was besser werden muss und was ich versuchen sollte, anders zu machen.

Im Nachgang ist es enorm wichtig zu betrachten und zu gucken, was ich aus den Misserfolgen mache, was ich daraus lernen kann. Ich hatte ein paar Krankheiten, aber es wäre zu einfach und nicht hilfreich gewesen, darin das wahre Problem zu suchen. Es hatten sich Dinge eingeschlichen, die sich wieder ändern mussten und nach den zwei schlechten Jahren habe ich mir geschworen, wieder professioneller zu arbeiten.

Wie sehr interessiert der Mensch hinter dem Athleten?
Im Grunde genommen würde ich aus meiner Erfahrung sagen das, solange der/die Sportler:in erfolgreich ist, sich ganz viele für sie/ihn interessieren, als DEN Menschen und wie man dahin gekommen ist. Was sie essen, was sie nicht essen, was sie trainieren, was sie nicht

trainieren. Es kommt dann nur darauf an, wieviel man von sich Preis geben möchte.

Denn: Das Privatleben ist auf einmal hochinteressant für alle und jeden.

Aber die Frage sollte auch sein: „wie fühle ich mich dabei?" In erster Linie wird allerdings erstmal von den Ergebnissen berichtet, was aber auch völlig in Ordnung ist. Negative Ergebnisse werden natürlich auch wahrgenommen, aber oft wird nicht nachgefragt, wie es dazu gekommen ist, sondern es wird einfach vermutet und eventuell ´wird drauf losgehauen. „Er/sie hat nicht die Leistung gebracht", „man kann doch viel mehr von dem/der Sportler:in erwarten" Was im Prinzip auch richtig ist, wenn es im Verhältnis steht… So oft ist das bei mir vielleicht nicht der Fall gewesen, oder ich habe es nach der ersten Erfahrung nicht mehr so häufig wahrgenommen, weil ich einfach keine Artikel mehr über mich gelesen habe. Außerdem waren wir viele in der Mannschaft, da war ein Misserfolg von mir nicht interessant genug für die Berichterstattung.

Der Mensch wird bei der Berichterstattung allerdings gelegentlich vergessen. Wahrscheinlich ist das ist einfach ein Teil, der zum Sport dazugehört. Natürlich hat man sich nicht bewusst dafür entschieden, aber es gehört dazu und dann ist etwas dicke Haut nichts Schlechtes. An dieser Stelle ist es nicht gut, wenn man diesbezüglich hochsensibel ist.

Wenn mit ein wenig „Sensibilität" auf den/die Sportler:in eingegangen wird, oder der/die Sportler:in einfach nur als Mensch gesehen wird, dann passt das schon zusammen. Auch als Sportler:in kann man eben nicht nur das Schöne nehmen, es sind eben wie man so schön sagt die sogenannten „zwei Seiten der Medaille" … und es kann immer nur eine Seite im Glanz erscheinen, während die andere im Schatten steht.

Das bedeutet in bestimmten Momenten vieles so anzunehmen, dass es ein Fakt ist, seine Schlüsse daraus zu ziehen und nicht daran zu zerbrechen. In dem Moment ist das erstmal schwierig, das zu akzeptieren. Es ist wichtig, einen Weg zu finden und manchmal ist es auch gut Kommentare zu ignorieren.

Wo kommt es im Leistungssport auf Sensibilität an?
Ich hatte schon angesprochen, dass es sehr wichtig ist, seinen Körper fühlen und spüren zu können. Damit meine ich einfache Fragestellungen wie zum Beispiel:

• Wo sind unsere Füße?
• Wo sind unsere Knie?
• Was machen unsere Beine?

Im Langlauf, gerade dann, wenn es um die Technik geht, braucht man ein Gefühl dafür:

• Wie schwinge ich meinen Arm?
• Wieviel Druck übe ich aus?
• Wie bewege ich mein Bein?
• Wie weit kann ich meinen Körper pushen?
• Wo ist die Grenze?

Denn Grenzen verschieben sich. Manchmal kann man eine Belastung höher setzen und an manchen Tagen eben nicht.

Man muss in seinen Körper hineinhören. Das ist wichtig! Wieviel Training kann der Körper verkraften und wann braucht der Körper eben auch seine Ruhe. Wenn es manchmal schwer fällt bis ans Limit zu kommen, da heißt es dann auch schon mal Augen zu und durch.

Wo ist diese Grenze? Und wann ist diese Grenze erreicht? Es ist wichtig in diesem Punkt „sensibel" zu sein in dem Moment, wenn man mit seinem Körper arbeitet. Wenn man dann noch ein Sportgerät hat, wie In meinem Fall Skier und eben auch eine Waffe, verstärkt sich der Effekt. Es kommt auf große Sensibilität an: Wenn man mit hohem Puls an den Schießstand kommt, braucht man eine gewisse Sensibilität im Abzugsfinger und nicht nur dort.

Wieviel ist 480 g Vorzug, die ich mit meinem Finger wegnehme? Denn bei knapp über 500 g fällt der Schuss. Den möchte ich erst dann abgeben, wenn ich tatsächlich auf der Scheibe bin. Da ist eine sehr große Sensibilität gefragt, gerade dann, wenn kalte Temperaturen herrschen, die Finger eingefroren sind und ich manchmal zwei Paar

Handschuhe getragen habe. Oder wenn es darum geht, an der Haut wahrzunehmen, wenn der Wind sich verändert. In dem Moment, in dem man mit einem Sportgerät arbeitet, braucht man einfach eine große Sensibilität für dieses Sportgerät und die Kontrolle über seinen Körper.

Auch hier gibt es wieder Punkte, die man als Außenstehender vielleicht nicht so einbezieht. Wie ist zum Beispiel der Griff bei den Stöcken? Ich musste mich irgendwann für eine neue Sportfirma entscheiden. Und hier war es spannend zu schauen, dass die Griffe bei den Ski-Stöcken vollkommen unterschiedlich waren. Wenn der Griff passt, kann man die Stöcke auch so verwenden, wie sie verwendet werden sollten. Was ich damit sagen möchte ist, dass man sensibel sein muss, die richtigen Sportgeräte zu finden, die durchaus über Erfolg und Niederlage entscheiden können. Und was für mich richtig ist, muss nicht zwangsläufig für eine andere Sportlerin das Beste sein.

Beim Schlittensport ist auch die Einstellung sehr wichtig. Ich bin mir sicher, dass da auch jeder Athlet seine Einstellungen finden muss, damit Körper und Schlitten zusammenarbeiten. Auch da spielt die Sensibilität eine große Rolle.

Wenn man sich mal nicht so gut fühlt, dann ist es manchmal besser, eine Einheit auszulassen. Andererseits kann es aber auch sein: „ich muss mal eine „Schippe" obendrauf legen". Zu erkennen, welche Richtung in einem bestimmten Moment die Richtige ist, bedarf etwas Erfahrung, aber natürlich auch einer gewissen Sensibilität.

In meiner Karriere hatte ich diese Momente, in denen ich mal kürzertreten musste, vielleicht fünf Mal, an die ich mich wirklich bewusst erinnern kann. Da hieß es dann: Regenerieren, damit es danach wieder aufwärts gehen kann. Unter Umständen reicht es dann auch eine Einheit weg zu lassen, um für die nächste wieder voll da zu sein. Andersrum heißt das aber auch: „wenn es gut läuft vielleicht auch mal eine Schippe obendrauf zu legen!" Um diese beiden und viele weitere Situationen richtig einschätzen zu können, muss man sich selbst gut spüren und damit sensibel sein. Manchmal muss man dann auch mal vom Plan abweichen, das sollte nur nicht zur Regel werden. Natürlich hat man den Plan gezielt Richtung Ziel zu trainieren. Allerdings ist es gut, wenn man in der Lage ist, situativ zu reagieren, sollte das notwendig sein.

Hochsensibilität im Leistungssport – passt das?

Zunächst die Frage: Wie definiere ich für mich das Wort Hochsensibilität? Als Sportlerin beziehungsweise als körperlicher Mensch setze ich eine Sensibilität im oder für den Körper voraus. Wie der Körper auf verschiedene Reize reagiert. Reize durch die Umwelt, durch die Ernährung. Auch hier sich die Frage zu stellen: Was für ein Gespür habe ich für meinen Körper? Wie kann ich verschiedene Umweltbedingungen annehmen? Kann ich mich anpassen?

Beim Skitest galt es immer sehr schnell zu spüren, welche Skier der Bessere ist; da spielt das Wetter eine große Rolle und damit auch der Schnee. Ja, da gibt es tatsächlich große Unterschiede, wenn man ein Gespür dafür hat.

Außerdem heißt Hochsensibilität für mich, auch mal abschalten zu können. Das war für mich vor allem wichtig nach der Saison einmal zu entspannen, sich zurückzulehnen und auch mal etwas völlig anderes zu machen.

Gelegentlich ist es auch mal vollkommen in Ordnung, etwas nicht spüren zu wollen. Wenn die Beine schon brennen, dann musst du dich nicht noch extra reinspüren. Also: eine Sensibilität für das Abschalten und das Anschalten!

Man muss im Sport auch sehr viel „einstecken" können… Das kann für den einen positiv sein, aber auch negativ sein für den, der zu sensibel ist, oder der sich zu viel annimmt. Im Leistungssport ist es wie in unserer Leistungsgesellschaft. Es kommt auf Erfolg und Leistung an.

Meine Meinung ist: Wir brauchen hochsensible Menschen im Sport. Wir brauchen sensible und vielleicht auch introvertierte Sportler, aber genauso brauchen wir Sportler, die sich durchbeißen und die weniger hochsensibel sind. Es kommt immer darauf an, wie man seine Sensibilität einsetzt.

Es ist gut sensibel zu sein, wenn man das so sagen kann! Für unser Leben, egal ob privat, beruflich oder im Sport ist das definitiv nicht von Nachteil. Ein bisschen Gefühl für die Situation schadet selten.

„Wenn ich ein tolles Rennen hatte und meine Zimmerkollegin nicht, dann kann sie ruhig auch ein wenig Sensibilität erwarten."

Es heißt für mich, auf verschiedene Umstände reagieren zu können. Wie ich schon beschrieben habe, sollte man seinen Körper kennen, den Körper wahrnehmen. Das ist gerade im Hochleistungssport ein sehr wichtiger Faktor. Ich bin der festen Überzeugung das gerade hochsensible Sportler genau das gut können. Sie können in sich reinfühlen, sie können wahrnehmen und zum richtigen Zeitpunkt entsprechend reagieren. Diesen Vorteil bringen sie mit!

Im Prinzip hat man einen großen Vorteil, wenn man hochsensibel ist. Es kann zum Nachteil werden, wenn diese Athlet:innen sich sehr schnell von der Umwelt beeinflussen lassen. Aber auch hier ist für mich wieder wichtig: Das Positive und die Vorteile sehen. Wie setzt ein/e Athlet:in die Hochsensibilität ein? Das ist eben auch ein Prozess, sich selbst kennenzulernen und dann im Sport damit richtig umzugehen.

Entscheidend ist: Gezielt und punktuell einsetzen, auch wenn es vielen Hochsensiblen schwer fallen soll so zu denken, da die Reizüberflutung natürlich die ganze Zeit auf ihren Körper einwirkt. Deswegen mein Rat: Manchmal einfach nur zu machen … ich weiß, einfacher gesagt als getan.

Sich ablenken kann ein wichtiger Faktor sein!

5.3   Hochsensibilität im Coaching

Christine Jung

Über mich
Ich bin eine hochsensitive und späterkannte hochbegabte Person.

Überraschend entdeckte ich vor sechs Jahren, dass die Merkmale hochsensitiver Menschen auf mich zutrafen. Ich las mich in die Thematik ein und kam zusätzlich meiner Hochbegabung auf die Spur, die in einem Test belegt wurde.

Mit meinem Mann lebe ich in Hannover, gemeinsam haben wir drei Kinder und inzwischen auch ein Enkelkind.

Seit mehr als 15 Jahren arbeite ich freiberuflich als Coachin und Prozessbegleiterin in eigener Praxis. Ich begleite Menschen in der beruflichen Neuorientierung, mit dem von mir entwickelten spielerischen Wesenskernansatz. Ziel ist, dass Menschen mit vielen Interessen für sich klären können, was sie wirklich wirklich wollen. Die Grundlage meines Ansatzes ist das Wesenskernspiel, welches ich auch an Kolleg:innen verkaufe.

Einleitung

Menschen, die sich „anders" fühlen, suchen vielfach nach hilfreichen Erklärungen für ihr So-Sein. Im tiefsten Inneren kann ein Wunsch stehen, sich gesehen und verstanden zu fühlen und eine plausible Erklärung für das „Anderssein" zu finden. Oft sind es Krisensituationen, wie ein Burn-out oder Stress auf der Arbeit, die der Auslöser für diese Suche sind.

Auf dem Markt finden sich inzwischen viele Coaches, die sich auf die Thematik spezialisiert haben. Sowie eine große Auswahl an Ratgeberliteratur, als auch unterschiedliche Begrifflichkeiten, wie Hochsensibilität, Hochsensitivität oder Neurosensitivität. In diesem Zusammenhang tauchen auch Begriffe auf wie Scanner, Hochbegabung oder Vielbegabung, oder Hochsensibilität und Hochbegabung werden miteinander in Beziehung gebracht. Das erweitert das Feld und macht es so manches Mal unübersichtlich. Allen Ansätzen ist gemeinsam, dass sie Erklärungen anbieten für das gefühlte „Anderssein".

Hinter Menschen, die sich entscheiden, ein Coaching aufzusuchen, liegt häufig ein längerer Suchprozess oder sogar Leidensweg. Meist ist Auslöser für ein Coaching der Wunsch nach einer beruflichen Neuorientierung oder die Frage, wie es an der jetzigen Arbeitsstelle „besser" laufen könne. Nachgeforscht finden sich bei „Hochsensiblen" häufig Fragen rund um Selbstfindung, aber auch einer potenziellen Hochbegabung oder existentielle Fragestellungen, wie zum Beispiel: Wer bin ich? Was macht mich aus? Wohin geht meine Reise? Ein weiterer Grund ist der Wunsch, die eigenen Fähigkeiten und Stärken in den Blick zu bekommen und für berufliche Karriereschritte zu nutzen.

Im folgenden Text beleuchte ich zwei Phänomene näher, die in Ratgebern und in der Fachliteratur häufig in einen Zusammenhang gebracht werden: Hochsensibilität/Hochsensitivität und Hochbegabung. Sind alle hochsensitiven Menschen auch hochbegabt oder alle Hochbegabte hochsensitiv? Wie ist die Situation von Mitarbeitenden in Unternehmen? Wie kann ein Coaching die Arbeitssituation verbessern?

Über den Zusammenhang von Hochsensibilität & Hochbegabung

Obwohl Hochsensibilität in der Alltagssprache der am häufigsten genutzte Begriff ist, spreche ich lieber von Hochsensitivität, weil er von vielen als weniger (ab)wertend empfunden wird. Hochsensibilität ist häufig im Alltagsbewusstsein konnotiert mit Sensibelchen, wenig belastbar, Mimose oder Angsthase. Eine ähnliche Interpretationsbreite findet sich allerdings auch bei dem Begriff der Hochsensitivität. In einigen Büchern oder Angeboten von Coaches wird Hochsensitivität als ein sogenannter 6. und 7. Sinn beschrieben. Hochsensitiven Menschen werden Phänomene zugeordnet, wie Hellsichtigkeit oder Hellfühligkeit. Oder sie gelten als Menschen, die außergewöhnlich empathisch sind und/oder sich mit spirituellen Fragen beschäftigen. Die Vielfalt an Deutungen und Interpretationen verweisen auf den wissenschaftlichen Forschungsbedarf in diesem Feld.

Nach neuesten Forschungen spricht der Schweizer Betriebswirt Patrice Wyrsch, der auch über einen Abschluss in allgemeiner Ökologie und Management verfügt, auch nicht mehr von Hochsensibilität, sondern von Neurosensitivität. In seiner Dissertation kommt Wyrsch nüchtern zu dem Ergebnis, dass alle Organismen mit einem Nervensystem über unterschiedliche Sensitivitätslevel verfügen. Hochsensitivität bzw. erhöhte Neurosensitivität ist für ihn somit die erhöhte Fähigkeit, Umgebungsreize wahrzunehmen und zu verarbeiten.

Mit anderen Worten, Hochsensitivität ist ein „normales" Phänomen, quer durch die Gesellschaft verteilt, in höchst unterschiedlichen und individuellen Ausdrucksformen. Hochsensitivität existiert seit Anbeginn der Menschheit, betrifft alle Menschen in unterschiedlicher Ausprägung und findet sich auch Tierreich [1].

Die Forschungslage zur Hochbegabung zeigt ein ähnlich differenziertes Bild. Einzig verbindendes Element aller Hochbegabten in allen ihren Facetten ist der Intelligenzquotient (IQ) mit einem Wert ab 130 Punkten und bezieht sich auf eine intellektuelle Hochbegabung. Diagnostiziert in einem Intelligenztest gilt als hochbegabt, wer mindestens diese Punktzahl erreicht. Unterschiedliche Ansätze hinterfragen inzwischen kritisch eine ausschließlich auf die Intelligenz abzielende Sichtweise. Der IQ ist eine statistische Größe, eine Mengenangabe. Er ist ein reiner Intelligenztest, der künstlerische, sportliche und musische Begabungen außen vor lässt, und gar nicht oder nur unzureichend eine soziale und emotionale Intelligenz mit einbezieht.

Die Gruppe der Hochbegabten ist ähnlich divers wie die der Hochsensitiven und die Palette an Befähigungen und Talenten heterogen. Hochbegabung und Hochsensitivität haben viele Gemeinsamkeiten, sind aber zwei getrennte Phänomene.

Eine der Grundlagen von Hochbegabung ist die schnellere und komplexere Informationsbearbeitung. Es liegt nahe, dass auch andere Sinnesreize und die Emotionalität betroffen sein können. Inzwischen geht man davon aus, dass die Mehrheit der hochbegabten Erwachsenen auch hochsensitiv ist. Die Beschäftigung mit einer Hochsensitivität ist für viele Erwachsene der Zugang zur Hochbegabung, wobei eine Hochbegabung nicht zwangsläufig mit ihr einhergeht. Der Umkehrschluss, dass alle Hochsensitiven hochbegabt sind, ist nicht zulässig.

Gesamtgesellschaftlich finden sich eine Fülle an Vorurteilen und Unkenntnis über Hochbegabung bis hin zur Tabuisierung gegenüber Menschen mit diesen angeborenen Persönlichkeitsmerkmalen. Die Ursachen finden sich in der deutschen Geschichte. Speziell in der NS-Zeit, die den Elitegedanken tief in die Gesellschaft und das allgemeine Denken transportierte.

Statistisch gesehen sind rund 2 % der Bevölkerung in Deutschland hochbegabt. Das sind etwa 1,6 Mio. Menschen. Im Vergleich dazu gibt es laut Statista über 400.000 Ärzt:innen und mehr als 770.000 Lehrer:innen in Deutschland (Stand 31.08.2020).

Obwohl Hochbegabung eigentlich ein Massenphänomen ist, bleibt sie bei vielen unentdeckt. Oft ist es erst ein Burn-out oder auch ein Bore-out im Erwachsenenalter, welches zur Ursachenforschung führt und mit dieser „Diagnose" endet. Vorausgesetzt, dass behandelnde Ärzt:innen und Therapeut:innen den entsprechenden fachlichen Hintergrund besitzen. Der damit einhergehende Erkenntnisgewinn führt oft zu einer intensiven Auseinandersetzung und Umbewertung des bisherigen Lebens.

Die Wahrscheinlichkeit, dass auch in Unternehmen entweder Vorgesetzte und Führungskräfte oder etliche Mitarbeitende (branchenabhängig) hochsensibel und/oder hochbegabt sind, ist rein statistisch gesehen nicht gering. Besonders häufig finden sich gerade in dieser Kombination manche der sogenannten „schwierigen" Mitarbeitenden.

Wie finden hochbegabte, hochsensitive Menschen am Arbeitsplatz zu einer Win-win-Situation?
In herkömmlichen Arbeitskulturen findet sich häufig der Wunsch nach unkomplizierten und funktionierenden Mitarbeitenden. Der/die Mitarbeiter:in hat ein Problem und in der Bearbeitung der Problematik wird geforscht, was er/sie ändern muss, damit die Zusammenarbeit wieder besser klappt.

Was aber sind die Fähigkeiten Hochbegabter?
Nicole Gerecht, die das Start-up UnIQate.org, Plattform für hochbegabte Erwachsenen gründete, beschreibt die Fähigkeiten Hochbegabter so:
„Hochbegabte Menschen denken schneller und vernetzter. Sie nehmen beispielsweise mehr Informationen auf, verarbeiten sie schneller und in größeren Kontexten, hinterfragen kritischer. Daher eignen sich für Hochbegabte Nischen, die andere vielleicht eher meiden. Die Eine ist unglaublich gut darin, Fehler im System zu erkennen', wohingegen andere holistisch schnell Gegebenheiten überblicken oder aber daraus querdenkend innovative Impulse setzen." [2]
Häufig liest man in der Fachliteratur Wünsche von Vorgesetzten an ihre Mitarbeitenden und es wird danach gesucht, wie „schwierige" Mitarbeitende besser integriert werden können. Was aber wünschen sich hochbegabte und hochsensitive Mitarbeitende von ihren Arbeitgeber:innen? Die nachstehenden Antworten äußerten hochbegabte und/oder hochsensitive Frauen in einem Forum auf Facebook, das inzwischen geschlossen wurde.

- Eigenverantwortliches Arbeiten (wann mache ich was, kein ständiges Nachfragen oder Kontrolle des Vorgesetzten)
- ein eigenes Aufgabengebiet mit vielseitigen Themen, eine ausreichende Mischung an Kreativität, Sachbearbeitung, Controlling, neue Konzepte entwickeln
- eigenen Entscheidungsspielraum
- klare Zuständigkeiten im Team
- klare Kommunikation und Antworten (ja, nein)
- einen ruhigen Arbeitsplatz/bloß kein Großraum

- ein Headset zum Telefonieren
- gute, schnelle und funktionierende Technik
- keinen sozialen Druck (nicht ständig Firmenevents, zu denen man hin muss, wenn man nicht ausgegrenzt werden will)
- ausreichend Frischluftzufuhr und Helligkeit

Zufriedene Mitarbeitende, die gehört und gesehen werden, sind das Kapital von Firmen und Unternehmen. Erhalten Hochbegabte einen frei(-eren) und selbst gestaltbaren Arbeitsplatz, steigert sich nicht nur ihre Arbeitszufriedenheit und Leistung (denn erst dann wird es für sie „richtig" interessant), sondern es entsteht eine Win-win-Situation für alle Beteiligten.

Meiner Erfahrung nach hilft eine spielerische, von Neugier und Entdeckerfreude geprägte Haltung, sich dieser Thematik zu nähern. Hilfreiche Fragen eröffnen neue Perspektiven: Was wäre, wenn? So tun als ob? Zielführend ist eine Haltung, die Kolleg:innen und Mitarbeitende bis hin zu Vorgesetzten besser zu verstehen sucht und sie entsprechend ihrer Fähigkeiten einsetzt. Die Bindung von Mitarbeitenden an das eigene Unternehmen ist eine der großen Herausforderungen der Gegenwart und Zukunft.

Hochbegabung und Hochsensitivität sind sensible Themen, insbesondere am Arbeitsplatz. Die Erkenntnis über die eigene Persönlichkeit ist möglicherweise nicht vorhanden. Zudem trifft die Frage nach einer potenziellen Hochbegabung häufig auf Abwehr, davon können viele Kolleg:innen berichten und auch ich erlebe es regelmäßig in meiner Coachingspraxis. Je nach Zugang, individuellen Erfahrungen und Vorgeschichte sowie gängigen Vorurteilen sind in den Blick zu nehmen, dass allein die Vermutung einer Hochbegabung häufig zu einer umfassenden Neubewertung des bisherigen Lebens, hauptsächlich der beruflichen Tätigkeit führen kann.

Hochbegabung ist, auch und gerade im Zusammenspiel mit Hochsensitivität, eine komplexe Materie, die gleichzeitig eine großartige Möglichkeit für Firmen und Unternehmen darstellt, diese als Ressource wahrzunehmen und Mitarbeitende zum Vorteil für alle Seiten einzusetzen.

Für die Mitarbeitenden selbst bedeutet es eine große Erleichterung, eine Erklärung für sich gefunden zu haben nach langen Jahren, in denen sie sich unverstanden gefühlt haben. Wobei vorhandene Schwierigkeiten sich eventuell keineswegs sofort lösen lassen.

Wann hilft ein Coaching?
Die Kenntnisse über eigenen Fähigkeiten und Stärken sind für die beschriebene Zielgruppe von besonderer Bedeutung. Unkenntnis über die eigene Persönlichkeit, das Fokussieren auf eigene Probleme oder die anderer Menschen, stehen oft in Verbindung mit einer großen Unwissenheit über das eigene Können. Insbesondere das vertiefte Nachdenken und Reflektieren und Analysieren, sowie die hohe Wahrnehmungsfähigkeit bezogen auf sich und andere Menschen forcieren ein Problemdenken.

Wie eingangs erwähnt sind existentielle Fragestellungen häufig ein Auslöser für ein Coaching: Wer bin ich? Was macht mich aus? Wohin geht meine Reise, beruflich, privat? Genauso wie der Wunsch, die eigenen Fähigkeiten in den Blick zu bekommen und zu nutzen oder der Wunsch nach einem Arbeitsplatz, der einem mehr entspricht.

Hochbegabung ist, auch und gerade im Zusammenspiel mit Hochsensitivität, eine komplexe Materie, die eine großartige Möglichkeit für Firmen und Unternehmen darstellt, diese als Ressource wahrzunehmen und Mitarbeitenden zum Vorteil für alle Seiten einzusetzen.

Der von mir entwickelte Wesenskernansatz bietet einen geeigneten Zugang für die angesprochene Thematik. In einer spielerischen Herangehensweise nähern sich die Coachees dem, was sie mit Freude tun und wirklich interessiert, auf der Basis ihrer Lebens- und Arbeitsbiografie. Sie entdecken, was sie im Kern motiviert und im Leben antreibt. Die Ergebnisse bilden die Grundlage für das Erforschen der sich daraus ableitenden Fähigkeiten und Stärken. Diese bieten die Grundlage für ein sicheres Auftreten in Bewerbungsprozessen, lassen sich aber auch für die Personalauswahl nutzen. Stellt sich die Frage nach einer beruflichen Neuorientierung, erarbeiten wir im Coaching eine tragfähige Vision, die praxisorientiert und pragmatisch Perspektiven eröffnet. Ziel ist sagen zu können: Ich lebe selbstbestimmt mein Eigenes und tue, was ich wirklich wirklich will (Frithjof Bergmann).

Literatur
1. Gerecht, Nicole. 2020. Hochbegabung: Chancen und Verantwortung für Unternehmen. https://persoblogger.de/2020/10/14/hochbegabung-chancen-und-verantwortung-fuer-unternehmen/. Zugegriffen: 31. Dez. 21.
2. Wyrsch, Patrice. o. J. Neurosensitivität. [https://www.patricewyrsch.ch/neurosensitivität/. Zugegriffen: 31. Dez. 21.

5.4 Wie Bewegung auf die innere Balance wirkt

Torsten Schröder

Einleitung

Der positive Einfluss von Bewegung auf das geistige und körperliche Wohlbefinden ist allgemein bekannt. Körperliche Aktivität gilt als bedeutendes Mittel zur Vorbeugung und Behandlung von physischen Krankheiten (z. B. Adipositas, Herzkreislauferkrankungen etc.) sowie einigen psychischen Erkrankungen (z. B. Depressionen, Angststörungen) [2].

Warum aber eignen sich gerade körperliche Betätigung und Sport als Ausgleich zum Stress im Alltag, kreisenden Gedanken, Reizüberflutung und Erschöpfungsgefühlen? Auf den ersten Blick scheint es doch weitaus naheliegender, sich einfach auf die Couch fallen und von Fernseher berieseln zu lassen, den Kopf einmal auszuschalten. Tatsächlich klaffen Vorstellung und Realität hier erheblich auseinander: Zwar verlangsamen sich auf der Couch Atmung, Blutdruck und Herzschlag, doch das Gedankenkarussell stoppt nicht zwangsläufig, die Muskulatur steht weiterhin unter Spannung und auch die ausgeschütteten Stresshormone wie Adrenalin und Cortisol verbleiben ungenutzt in ihrer Mobilisierungsfunktion im Körper – ein echter Entspannungszustand tritt nicht ein. Notwendig für diesen ist aktive Bewegung zur Produktion von Stresshormonen neutralisierenden Hormonen wie Dopamin und Serotonin[1].

Bei beiden handelt es sich um Botenstoffe, die das menschliche Gehirn zur Reizweiterleitung über das Nervensystem benötigt. Gerade für psychische Krankheiten ist Bewegung im Rahmen der Therapie angesichts der damit einhergehenden Hormonausschüttung daher wichtig. Daneben ist wissenschaftlich bewiesen, dass regelmäßige sportliche Aktivität (in angemessener Dosierung) zu einer besseren Immunantwort und weniger Atemwegsinfektionen führt.

Sport eignet sich also insbesondere für hochsensible Menschen, die häufig stressanfälliger als normalsensible auf ihren Alltag reagieren. Es gilt dabei jedoch zu beachten, dass Sport grundsätzlich in einem gesunden Rahmen betrieben werden sollte, um ein sogenanntes Übertrainingssyndrom zu vermeiden. Neben Erscheinungen wie Leistungsabfall und Erschöpfung belegen wissenschaftliche Untersuchungen auch eine Beeinträchtigung der geistigen Gesundheit infolge übermäßiger körperlicher Aktivität. Laut einer Studie von Blain et al. (2019) mindert physische Überanstrengung die Aktivität und Leistungsfähigkeit des Gehirns im Bereich des lateralen präfrontalen Kortex, in der Folge werden verstärkt impulsive statt rationaler Entscheidungen getroffen [3].

Exkurs: Das Übertrainingssyndrom

Wird bei regelmäßiger sportlicher Aktivität ein dauerhafter Leistungsabfall auf körperlicher und geistiger Ebene bemerkt, der sich in der Regel auch durch Trainingspausen nicht bessert, liegt wahrscheinlich ein sogenanntes Übertrainingssyndrom vor. Häufige Symptome sind Herzrasen, chronisches Müdigkeitsgefühl, Magen-Darm-Beschwerden, Halsbrennen, Schlafstörungen, depressive Verstimmungen. Tritt nach spätestens drei Wochen keine Besserung ein, sollte unbedingt ein Arzt aufgesucht werden.

Der beste Weg, ein Übertrainingssyndrom zu vermeiden, besteht darin, Sport in einem gesunden Maß zu betreiben. Wie dieses allerdings genau aussieht, muss jeder Mensch individuell für sich herausfinden. Hierbei ist es besonders wichtig, auf den eigenen Körper und dessen Signale zu vertrauen. Generell bieten beim Training folgende Punkte eine hilfreiche Orientierung:

- Zu Beginn des Trainings sollte die körperliche Betätigung in Intensität und Dauer langsam gesteigert werden.
- Während des Trainings sind ausreichende Phasen der Entlastung und Ruhe wichtig.
- Trainingsmonotonie gilt es zu vermeiden (regelmäßige Wechsel der Sportarten sorgen für neue Impulse).
- Bei Infekten sollte erst wieder trainiert werden, wenn diese vollständig abgeklungen sind.
- Neben dem eigentlichen Training sind eine gründliche Dehnung und Maßnahmen zum Stressabbau (z. B. durch Yoga) nicht zu vernachlässigen.
- Für Trainingserfolg und allgemeines körperliches Wohlbefinden ist eine ausgewogene Ernährung unerlässlich.
- Wer trainiert, sollte auf seinen Körper hören und die Anzeichen eines Übertrainings ernstnehmen.

Die Wirksamkeit von Bewegung zum Stressabbau bei hochsensiblen Menschen ist wissenschaftlich bewiesen. Eine japanische Studieuntersuchte erstmals die Auswirkungen körperlicher Betätigung auf hochsensible Menschen. Im Rahmen der Erhebung wurden insgesamt 330 Studierende an einer japanischen Universität beobachtet. Alle Probanden füllten den Fragebogen zur Hochsensibilität nach Elaine Aron sowie einen weiteren zur Erfassung depressiver Symptome aus. Des Weiteren mussten alle Befragten Auskunft über die wöchentliche Häufigkeit ihrer sportlichen Freizeitbeschäftigungen erteilen. Die Auswertung der Daten betrachtete die Zusammenhänge zwischen Hochsensibilität, Depressionen und körperlichen Aktivitäten. Hierzu wurde das wissenschaftliche Verfahren des Strukturgleichungsmodells angewandt [4].

Die Ergebnisse dieser Studien bestätigten die Erkenntnisse vorheriger anderer Untersuchungen: hochsensible Menschen sind anfälliger für depressive Symptome. Es ist allerdings zu berücksichtigen, dass

Anzeichen von Depressionen nicht zwangsläufig bei allen Hochsensiblen auftreten, sondern gleichermaßen auch bei Normalsensiblen
vorkommen. Dennoch stellt Hochsensibilität einen wesentlichen
Faktor für die Entwicklung einer depressiven Symptomatik dar. Weiterhin belegte die besagte Studie einen häufig höheren Body-Mass-Index
(BMI) bei hochsensiblen Menschen, sie wiegen im Durchschnitt mehr.
Als maßgeblicher Faktor gilt mangelnde Bewegung. Abhilfe kann hier
vor allem Ausdauertraining schaffen, durch welches der Fettstoffwechsel
optimiert wird.

Bewegung gegen Depression
Als zentrales Ergebnis stellte die Studie jedoch eine Beeinflussung des
Zusammenhangs zwischen Hochsensibilität und der Entwicklung
einer depressiven Symptomatik durch die Häufigkeit, in der sich hochsensible Menschen aktiv bewegen, fest. Bewegen sich Hochsensible also
regelmäßig und integrieren sportliche (Freizeit-)Aktivitäten in ihren Alltag, treten Symptome einer Depression wenig häufig auf – im Schnitt
nicht öfter als bei Normalsensiblen. Daraus kann auf die prinzipielle
Möglichkeit geschlussfolgert werden, das Risiko einer Depressions-
erkrankung bei hochsensiblen Menschen mithilfe von Bewegung zu
neutralisieren. Dies begründet die Annahme, Personen, die in ihrer Frei-
zeit häufig sportlich aktiv sind, gingen häufiger in die Natur und unter
Menschen. Betreiben sie also regelmäßig Sport außerhalb der eigenen
Wohnung, sind sie von einer Vielzahl von Umweltreizen umgeben,
sodass bei kontinuierlicher körperlicher Betätigung von einer Erhöhung
der Reizschwelle ausgegangen werden kann. Somit trainieren hochsensible Menschen mit sportlichen Aktivitäten nicht nur ihre Muskeln
und ihren Kreislauf, sondern auch ihre Impulstoleranz.

> **Wichtig**
> Hochsensible Menschen trainieren mit sportlicher Betätigung nicht
> nur ihren Körper, sondern auch ihre Reizschwelle, sodass sie langfristig
> weniger stressanfällig werden.

Im engeren Sinne ist von einer langfristig höheren Stresstoleranz des Hochsensiblen bei regelmäßigem Training auszugehen. Wissenschaftler mahnen jedoch, die sportliche Aktivität jederzeit gut zu überwachen. Dies ist der intensiveren Empfindung hochsensibler Menschen auch in Bezug auf die eigene Körperwahrnehmung geschuldet. Hierzu zählt beispielsweise der beschleunigte Herzschlag beim Cardio-Training oder Joggen. Ebenso können gemeinsame Aktivitäten mit anderen in Gruppen auf hochsensible Menschen bedrohlich wirken und Unbehagen verursachen. Kurz gesagt: Nicht jede Art von Sport ist für Personen mit erhöhter Reizempfindlichkeit geeignet, ebenso wenig gibt es aber die eine, „perfekte" körperliche Betätigungsform, die ihnen per se empfohlen werden könnte. Betroffene sollten vor allem Wert darauf legen, für sich selbst eine geeignete Sportart zu finden sowie bei deren Auswahl auf den Bauch und das eigene Körpergefühl zu hören. So entscheidet sich der eine vielleicht für ein Training mit Geräten im Fitnessstudio, während dem anderen Tanzsport, Yoga oder auch Pilates in der Gruppe mehr zusagen.

Für Hochsensible empfiehlt es sich, bei der Auswahl einer geeigneten sportlichen Aktivität auf ihr Bauchgefühl zu hören und sich auszuprobieren. Durch das große Angebot an Sportarten, -programmen etc. sind hier nahezu keine Grenzen gesetzt. Zudem bieten viele Fitnessstudios Probemitgliedschaften an, die ein wenig mehr Klarheit über die individuellen Vorlieben schaffen können. Auch im Zuge der mit der gegenwärtigen COVID-19-Pandemie einhergehenden Digitalisierung von Trainingsprogrammen lassen sich verschiedene Arten körperlicher Betätigung schon von zuhause aus ausprobieren. Studien legen eine höhere Hürde zur Motivation für Bewegung und sportliche Aktivitäten bei Personen nahe, die in ihrem Alltag einem gesteigerten Stresslevel ausgesetzt sind. Demnach besteht laut Fransson et al. (2012) bei Menschen mit einem stressintensiven beruflichen Kontext eine um ca. 26 % höhere Wahrscheinlichkeit für körperliche Inaktivität [5]. Erweisen sich Auswahl und Motivation zur sportlichen Betätigung als schwierig, kann ein entsprechendes Coaching hilfreich sein.

Ebenso wie bei normalsensiblen Menschen gibt es auch unter den hochsensiblen solche, die regelmäßig trainieren, vielleicht sogar Leistungssport betreiben und mit Sport einen Wettkampfcharakter verbinden. Ich selbst war als hochsensibler Mensch zwölf Jahre lang im professionellen Tanzsport aktiv. Für die meisten Betroffenen ist es vor allem wichtig, körperliche Betätigung als Ausgleich, als eine Maßnahme zum Stressabbau zu betreiben und nicht als eine zusätzliche, mit Leistungsdruck verbundene Freizeitaktivität, die die Gefahr der Demotivation birgt. Dieser Aspekt ist insbesondere mit Blick auf hochsensible Kinder bedeutsam. So werden diese bereits im Schulsport mit Druck im Zusammenhang mit körperlicher Betätigung konfrontiert. Schulsport wird auch heute noch benotet, allerdings unter Missachtung der individuellen und heterogenen physischen Voraussetzungen, die jedes Kind mitbringt. Gerade für hochsensible Kinder ist diese Vorgehensweise unfair, da sie aufgrund ihres besonderen Persönlichkeitsmerkmals im Schulsport zumeist schneller wie auch häufiger an ihre Grenzen stoßen und somit schlechtere Leistungen erzielen, was nicht zuletzt durch die sensiblere Wahrnehmung begründet ist. In der Folge ist eine Tendenz zur Vermeidung von sportlichen (Freizeit-)Aktivitäten bei Hochsensiblen im Jugend- oder Erwachsenenalter keine Seltenheit. Unter Berücksichtigung der hier bereits angesprochenen Studienergebnisse ist dies natürlich sehr ungünstig. Sport besitzt für hochsensible Menschen also auch einen präventiven Charakter, wenn er als Aktivität zur Förderung des eigenen Wohlbefindens und als Ausgleich zum Alltagsstress dient.

Bewegung in den Alltag integrieren
Auch Menschen, die im alltäglichen Leben Extrazeit für sportliche Betätigung ungern aufbringen oder dazu etwa aus Zeitgründen nicht in der Lage sind, können ihre Stressbalance verbessern, indem ihre Gewohnheiten ändern und körperlich aktiver werden. Bereits mit geringfügigen Verhaltensanpassungen lässt sich die allgemeine physische Aktivität steigern, was zu einer ausgeglichenen Grundstimmung und geringeren Stressanfälligkeit beitragen kann. Generell gilt: Auf kurzen Strecken lieber zu Fuß unterwegs – dafür aber mit mehr Zeit, um Stress und Hetzen zu vermeiden.

Tipps:

* Sofern es die Entfernung zulässt – Fahren Sie Ihren Arbeitsweg mit dem Fahrrad oder laufen Sie.
* Nehmen Sie die Treppe anstelle des Fahrstuhls.
* Verbinden Sie die Mittagspause mit einem kleinen Spaziergang an der frischen Luft.
* Ideal sind 6000–10.000 Schritte pro Tag (nutzen Sie eine automatisch mitzählende App).

Für alle, die den Abend gern vor dem Fernseher verbringen, eignet sich das Werbungs-Workout, bei welchem in den Werbepausen kurze Trainingseinheiten absolviert werden. Diese können verschiedene Übungen wie Liegestütze, Burpees, Kniebeugen, Crunches, Planks, Sprawls, Climbers, Side Planks usw. umfassen. Pro Sendung oder Film werden im deutschen Fernsehen ca. 4–6 Werbeblöcke gezeigt, sodass sich ein Workout von 16–30 min ohne großen Aufwand einbauen lässt. Dabei können entweder Wechsel zwischen den einzelnen Übungen erfolgen oder das Training kann im Sinne einer intensiveren Challenge gestaltet werden, indem versucht wird, so viele Wiederholungen einer Übung wie möglich zu schaffen. Zur Motivationssteigerung bietet es sich außerdem an, die Anzahl der bewältigten Wiederholungen aufzuschreiben. So lassen sich Erfolge und Verbesserungen gut verfolgen. Ein weiterer positiver Aspekt des Werbungs-Workouts besteht darin, dem schlechten Gewissen nach dem abendlichen Fernsehsnack gleich etwas entgegenzusetzen. Hocheffektive Bewegung kann daneben anhand von täglichen Workouts, mit oder ohne Geräte, in den Alltag integriert werden. Sportmuffel können Trainingsformen wählen, bei denen der Spaßfaktor nicht zu kurz kommt. Die Möglichkeiten sind zahlreich:

* Workout mit Mini-Trampolin
* Zumba
* Tanzen
* Step Aerobic
* Training mit dem eigenen Körpergewicht
* Teilnahme an Fitness Challenges

Des Weiteren lassen sich auch einfache Übungen in Kombination mit der Lieblingsmusik sehr gut als Routine etablieren. Ein solches Routine-Workout zur zwei- bis dreimaligen Ausführung in der Woche kann wie folgt aussehen:

- 15-min-Lieblingsmusik-Workout
- 1 Lied Liegestütze
- 1 Lied Kniebeugen
- 1 Lied Jumping Jacks
- 1 Lied Crunches
- 1 Lied Climbers

Hier bieten sich nahezu unbegrenzte Möglichkeiten zur Entwicklung individueller Abfolgen und Kombinationen. Darüber hinaus gibt es auch eine Reihe von Übungen mit dem eigenen Körpergewicht, die mithilfe von Möbelstücken (z. B. Stuhl, Tisch), der Wand oder mithilfe der Fensterbank umsetzbar sind, so etwa:

- Tisch-/Wand/Fensterbankliegestütz
- Pikes (entweder mit erhöhten Beinen oder mit erhöhten Armen)
- Trizeps-Dips mit Stuhl

Auf diese Weise kann ein abwechslungsreiches Workout mit variabler Intensität entstehen.

Mindfulness – Achtsamkeit beim Workout
Körperliche Aktivität und Stress sind in zweierlei Hinsicht miteinander verbunden: Einerseits lassen sich Fitnessübungen zum Stressabbau nutzen, andererseits kann ein übertriebenes Training auch zu einem Anstieg des Stresslevels führen. Sport besitzt stets einen Wettkampf-charakter: Wir wünschen uns, schnell Ergebnisse zu sehen, Ziele zu erreichen und besser zu werden. Dieser Aspekt des Sports wird beim achtsamen Training jedoch bewusst ausgeklammert. Angesichts ihrer generellen stärkeren Empfänglichkeit für Stress sollten hochsensible Menschen darauf aufpassen, sich nicht zu sehr zu verausgaben. Das achtsame Training stellt einen optimalen Ansatz dar, der Übungen

zum Stressabbau nutzt. Es lässt sich in den verschiedensten Formen anwenden, wobei die individuellen Wünsche zu den beteiligten Sportarten ohne Einschränkungen umgesetzt werden können. Kurzum: Jedes Training kann achtsam erfolgen, denn maßgeblich sind die eigene Einstellung und Herangehensweise. Eine achtsame Haltung bedeutet, präsent und im Moment zu sein, nicht über sich selbst zu urteilen. Häufig entsteht beim achtsamen Training ein Flow-Zustand.

Unter dem Flow-Zustand versteht man einen natürlichen und positiven Gemütszustand, der von Gedankenklarheit, hoher Flexibilität und einem starken Gefühl der Selbstwirksamkeit gekennzeichnet ist.

Mihaly Csikszentmihalyi gilt im Bereich der Flow-Forschung als der prominenteste Wissenschaftler, da er zu dieser Thematik intensiv forschte [6]. Er beschreibt den Flow anhand von sechs Kriterien:

- intensive und fokussierte Konzentration auf die Tätigkeit
- Verschmelzung von Handlung und Bewusstsein
- Verlust des reflexiven Ichs (Selbstvergessenheit)
- Gefühl der Kontrolle über das eigene Tun
- Erleben der Tätigkeit an sich als lohnend
- verzerrte Zeitwahrnehmung

Alle genannten Kriterien treten im Flow auf. Da es sich bei diesem Bewusstseinszustand um einen Zustand der optimalen Bündelung von Aufmerksamkeit handelt, kann dieser gesteuert werden. Kurz gesagt: Flow ist eine Entscheidung.

Während der Flow-Zustand bei Kindern häufig eintritt und ganz natürlich ist, erfordert es bei Erwachsenen ein wenig mehr Bemühungen, diesen zu erreichen. Mit gezielter Arbeit und Konzentration kann der Flow-Zustand jedoch gelenkt werden. In dieser Bewusstseinshaltung wird die eigene Leistung – selbst die eigene Verausgabung – als positiv und selbstwirksam erlebt. Im Zusammenhang mit Sport bedeutet das:

- Bewegungen bewusst auszuführen,
- während des Trainings im Moment zu bleiben,
- das eigene Selbst im Moment urteilsfrei zu akzeptieren.

Achtsames Training stärkt die Verbindung zwischen Körper und Geist

Um die Vorteile eines achtsamen Trainings verstehen zu können, gilt es, die Reaktionen des Körpers auf sportliche Betätigungen zu betrachten. Wird auf einem hohen Leistungsniveau trainiert (z. B. beim Joggen), vollzieht sich im Körper eine Stressreaktion. Hierbei ist zwischen positivem und negativem Stress zu unterscheiden. Jedoch findet bei beiden Formen eine Cortisol-Ausschüttung statt, die zur Belastung wird, sofern das Training übertrieben wird. Das Hormon Cortisol führt – wie bereits angesprochen – unter Umständen zu Einschränkungen der physiologischen Erholung, da der Körper den Abbau des Cortisols priorisiert betreibt. Weitere Folgen sind mitunter eine Verlagerung der Fettmasse (typischer „Stressbauch") sowie Beeinträchtigungen der Immunabwehr. Für eine effektive Anpassung des Trainingsniveaus und zur Vermeidung negativer Effekte müssen Menschen, die sich sportlich betätigen, also mit größter Sorgfalt ihren Stresslevel beobachten – das gilt insbesondere für Hochsensible. Achtsames Training lässt sich in hoher oder niedriger Intensität durchführen. In ersterer kann es als tägliches Training allein oder als Ergänzung zu anderen hochintensiven Trainingsarten betrieben werden.

Die Vorteile des achtsamen Trainings auf einen Blick:

- schnellere und bessere Erholung
- schnellere Anpassung an Reize
- verbesserte Leistung
- weniger Stress

Literatur

1. Peluso, Marco Aurélio Monteiro, Laura Helena Silveira Guerra de Andrade. 2005. Physical activity and mental health: The association between exercise and mood. *Clinics* 60(1) doi:https://doi.org/10.1590/s1807-59322005000100012.

2. Neurologie Winterhude. Bewegung – Der perfekte Stressabbau. In neurologiewinterhude.de [online]. https://www.neurologiewinterhude.de/index.php/newsletter/168-bewegung-der-perfekte-stressabbau. Zugegriffen: 17. Aug. 2021.

3. Blain, Bastien, Schmit, Cyril, Aubry, Anael, Hausswirth Cristophe, Le Meur, Yann, Passiglione, Mathias: Neuro-computational impact of physical training overload on economic decision-making. *Current Biology 29*, 3289–3297. doi: https://doi.org/10.1016/j.cub.2019.08.054.

4. Yano, Kosuke, Kazuo Oishi. 2018. The relationships among daily exercise, sensory-processing sensitivity, and depressive tendency in Japanese university students. *Personality and Individual Differences* 127. doi: https://doi.org/10.1016/j.paid.2018.01.047.

5. Fransson, E. I. et al. 2012. Job strain as a risk factor for leisure-time physical inactivity: An individual-participant meta-analysis of up to 170,000 men and women: The IPD-Work consortium. *American Journal of Epidemiology 176*(12). doi: https://doi.org/10.1093/aje/kws336.

6. Csikszentmihalyi, Mihaly. 2014. *Flow and the foundations of positive psychology: the collected works of mihaly csikszentmihalyi*, 2. Aufl., 12–14. Claremont, USA: Springer Publishing.

6

Fazit

Um in der VUCA-Welt auch künftig erfolgreich zu sein, sind neue Fähigkeiten erforderlich. Erfolg wird zukünftig mehr und mehr definiert werden als eine Mischung aus beruflichem und privatem Wohlbefinden sein, ein in sich selbst ruhender und von außen wertgeschätzter Zustand.

Tradierte Erfahrungen und zertifizierte Expertisen zeigen keinen Effekt mehr und sind für die Welt, wie sie uns heute begegnet nicht mehr en vogue. Dabei handelt es sich bei dieser Veränderung keineswegs um eine Modeerscheinung, sondern um einen Megatrend. Schlichtweg alles benötigt eine flexible Herangehensweise. Diese Anpassungsfähigkeit schließt ein permanentes Erlernen und Dazulernen, aber auch ein Verlernen dessen, was „man immer schon so gemacht hat" mit ein.

Dass sich also Menschen mit außergewöhnlichen, vielfältigen „anderen" Fähigkeiten besonders gut als Personen für diese Zeit und diese Arbeitswelt eignen, liegt auf der Hand. Allerdings sind es eben genau diese Menschen, die ihre ganz eigene Art haben, mit der Situation umzugehen. Je nach Begabung und Temperament kommt ihnen diese Zeit in unterschiedlicher Intensität zugute. Hochsensible

T. Schröder, *Hochsensibilität – Jobchance oder Karrierekiller in der VUCA-Welt*, https://doi.org/10.1007/978-3-658-37987-2_6

Menschen brauchen besondere Strategien, um ihre vermeintlichen Schwächen in Zukunftsstärken umzuwandeln. Sport kann ihnen dabei ein guter Begleiter sein ebenso wie Menschen (z. B. Coaches), die ihnen Stütze und Begleitung, Sparringspartner und Spiegel sind, die bedarfsgerecht Support bieten – wir kennen alle noch die Hilfestellung aus dem Sportunterricht, oder? Sie ist da, wenn nötig, muss aber nicht eingreifen. Scanner, Hochbegabte und Introvertierte hat die Arbeitswelt lange als „Spinner" abgetan – sie jetzt als die neuen Idealtypen zu propagieren und willkürlich auf innovative Prozesse anzusetzen wird nicht ausreichen – vielmehr wird es sich ins Gegenteil umkehren in Form unerfüllter und überzogener Erwartungen auf beiden Seiten. Die Welt verändert sich rasend schnell und doch braucht es Zeit, veränderte Strukturen zu etablieren, gerade wenn es um Menschenzentrierung geht. „Du tickst doch nicht richtig", „ich kann dich nicht riechen" oder „sei doch mal leise" sind eben nicht nur Floskeln. Es sind Aussagen über Kompatibilitäten, die Grundlage des funktionierenden Zusammenlebens und -arbeitens sind. Hierfür gilt es sensibel zu sein – selbst, wenn man selbst nicht hochsensibel ist.

Das Bild des idealtypischen Karrieremenschen muss sich grundlegend ändern. Denn echte Menschen mit Lebenserfahrung (und die bleibt gegenüber Zertifikaten ein immens relevanter Faktor unserer Zukunft) haben eher selten geradlinige Lebensläufe: Zukunftshelden der Arbeitswelt sind empathische, offene und neugierige Menschen, die die richtigen Fragen stellen und mit neuen Denkansätzen ungeahnte Lösungen finden.

Sie überzeugen die anderen Kollegen auf eine ihnen besonders Art und Weise – sie haben einen Draht zu Mitmenschen. Sie sind Partner auf dem Weg des Wandels ohne „mitzunehmen" oder „aufzugleisen" und erleichtern Unternehmen den Changeprozess. Aber sie können eben auch unbequem sein, gestresst oder überfordert. Sie sind keine Allzweckwaffe gegen VUCA (das würde sie auch kontraproduktiv belasten und gefährden) – aber ein wichtiges Rädchen in einem Getriebe, das gerade so gar nicht wie ein Uhrwerk läuft.

Eines ist zudem entscheidend: Alle genannten Temperamente oder Wesenszüge erfordern, dass man ihnen zusätzlich Raum und Zeit einräumt – sie „kosten" also zunächst einmal. Für die Zukunft – davon können wir ruhig ab sofort überzeugt sein – werden sich solche Investitionen lohnen. Denn sie bescheren Unternehmen ein frühzeitiges Erkennen von negativen Vibes innerhalb der Organisation, sie reduzieren Konflikte, erzeugen weniger Stress und in der Folge ein besseres Betriebsklima. Sie haben ihre Stärken im Innovations- und Ideenmanagement, in der Imagebildung und im Talentmanagement.

Das schafft nicht ein Querdenker, den man ins Unternehmen setzt, sondern das schafft ein menschenfokussiertes Team, in dem sich Individualisten zeigen, entfalten und auch mal scheitern dürfen, in dem sie in ihrer Besonderheit aber auch Schutz finden.

Hochsensibilität ist das emotionale Bindeglied zwischen Mensch und Unternehmen.

Eine Aufgabe zum Abschluss
Wenn Sie künftig Menschen begegnen – oder besser: fragen Sie direkt sich selbst – fangen Sie bei diesen fünf Punkten an und überlegen dann, welches innovative Projekt Sie starten:

- „Ich kann vieles, aber ich muss es nicht jedem laut entgegen schreien." Man kann sich auf mich verlassen, weil…
- „Ich rede viel, aber bringe nicht viel zum Abschluss." Das kann eine Stärke sein, weil…
- „Ich kann ganz außergewöhnlich viel, ecke damit aber oft an." Das erkläre ich meinem Gegenüber so…
- Ich kenne meine Kompetenzen – eigentlich… und glaube dann doch nicht an mich". Das drehe ich um und bin stolz auf …
- „Ich kann vieles richtig gut, außer mich zu entscheiden oder festzulegen". Das macht ein Team kreativ, weil…

The manufacturer's authorised representative in the EU is Springer Nature Customer Service Centre GmbH, Europaplatz 3, 69115 Heidelberg, Germany. If you have any concerns regarding our products, please contact ProductSafety@springernature.com

Printed and bound by CPI Group (UK) Ltd, Croydon, CR0 4YY
28/04/2026
02098481-0003